聚一句：我的造句遊戲書

（第二版）

（第一冊）

孟瑛如、郭興昌、鄭雅婷、吳登凱、張麗琴　著

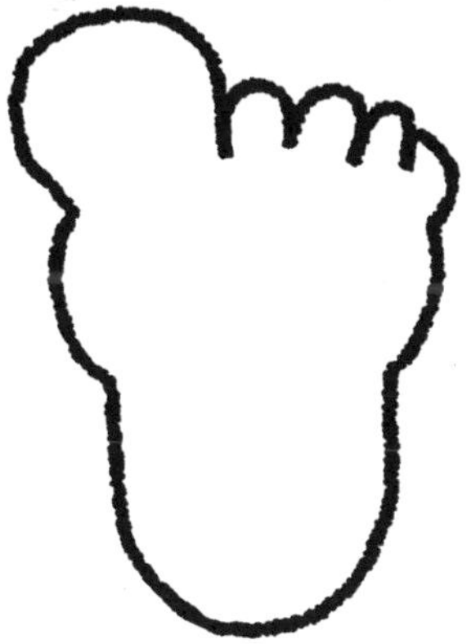
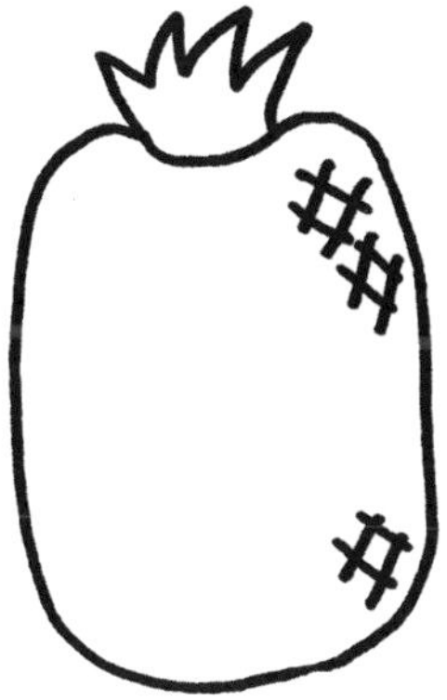
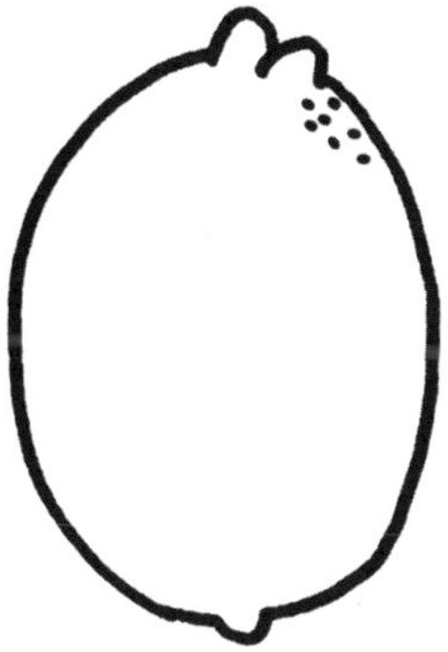

作者簡介

孟瑛如

學歷：美國匹茲堡大學特殊教育博士

現職：國立清華大學特殊教育學系教授

專長：學習障礙、情緒行為障礙

郭興昌

學歷：國立雲林科技大學漢學研究所碩士

現職：雲林縣大東國小總務主任

鄭雅婷

學歷：國立嘉義大學特殊教育學系學士

現職：雲林縣石榴國小特教教師

吳登凱

學歷：南華大學教育社會學研究所碩士

現職：雲林縣石榴國小特教教師

張麗琴

學歷：國立屏東大學特殊教育學系學士

現職：雲林縣莿桐國小特教教師

這是________________________________的遊戲書

我從______年______月______日開始使用這本書

目次

認識並練習「都是……」的句子

今天是　　月　　日，我認識了以下這些句子。

*認識「都是……」的句子。

1. 我們都是二年級的學生。

2. 他們都是棒球隊的球員。

3. 大象與獅子都是動物。

4. 地板上到處都是妹妹的玩具。

5. 餐桌上的飯菜都是媽媽煮的。

今天是　　月　　日，我練習了以下這些句子。

＊塗塗看：請將適合句子的語詞塗上顏色。

我們

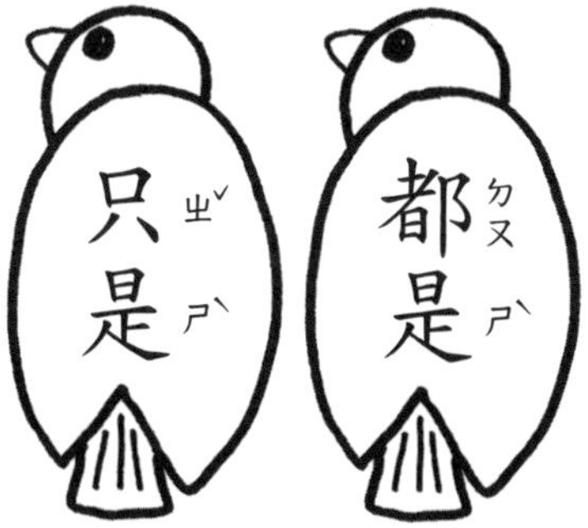

一年級的學生。

大象與獅子都是

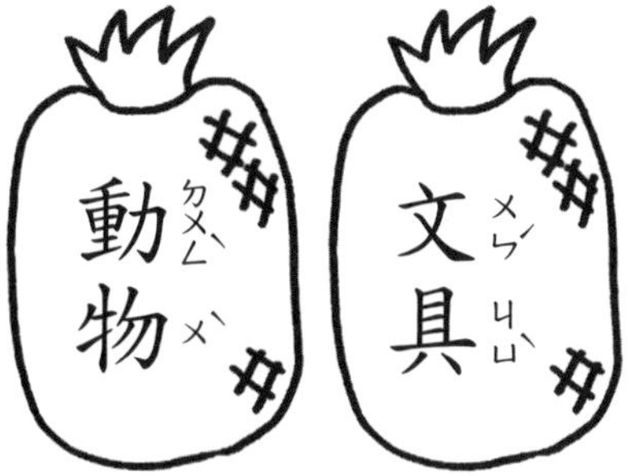

。

他們都是棒球隊的

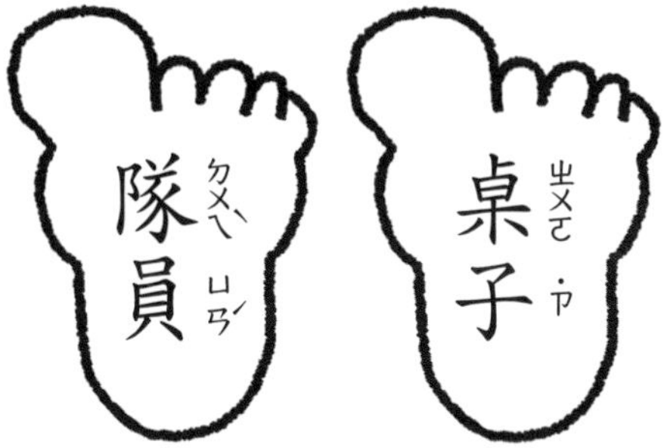

。

地板上到處都是妹妹的

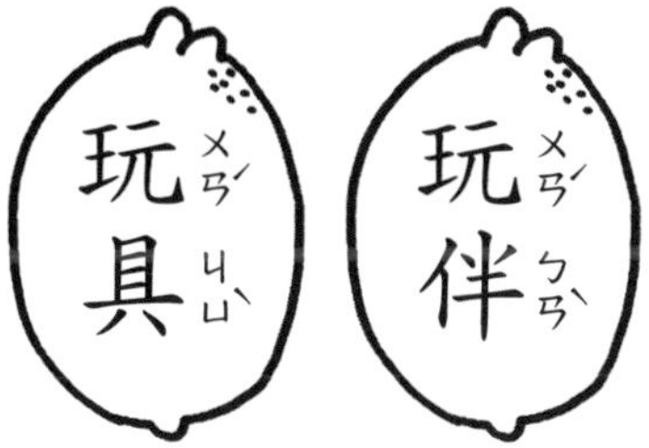

。

我的表現：☆☆☆☆☆☆☆☆☆☆

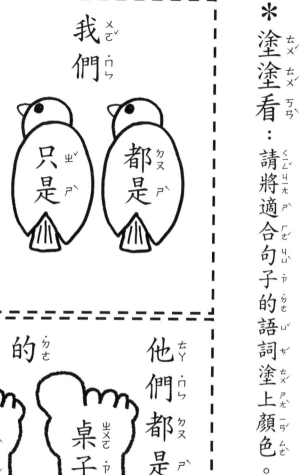

今天是　月　日，我會說出或寫出一個完整的句子。

*句子迷宮：請從起點開始，將語詞連成一個完整的句子。走到終點後，記得將完整的句子寫在格子裡。

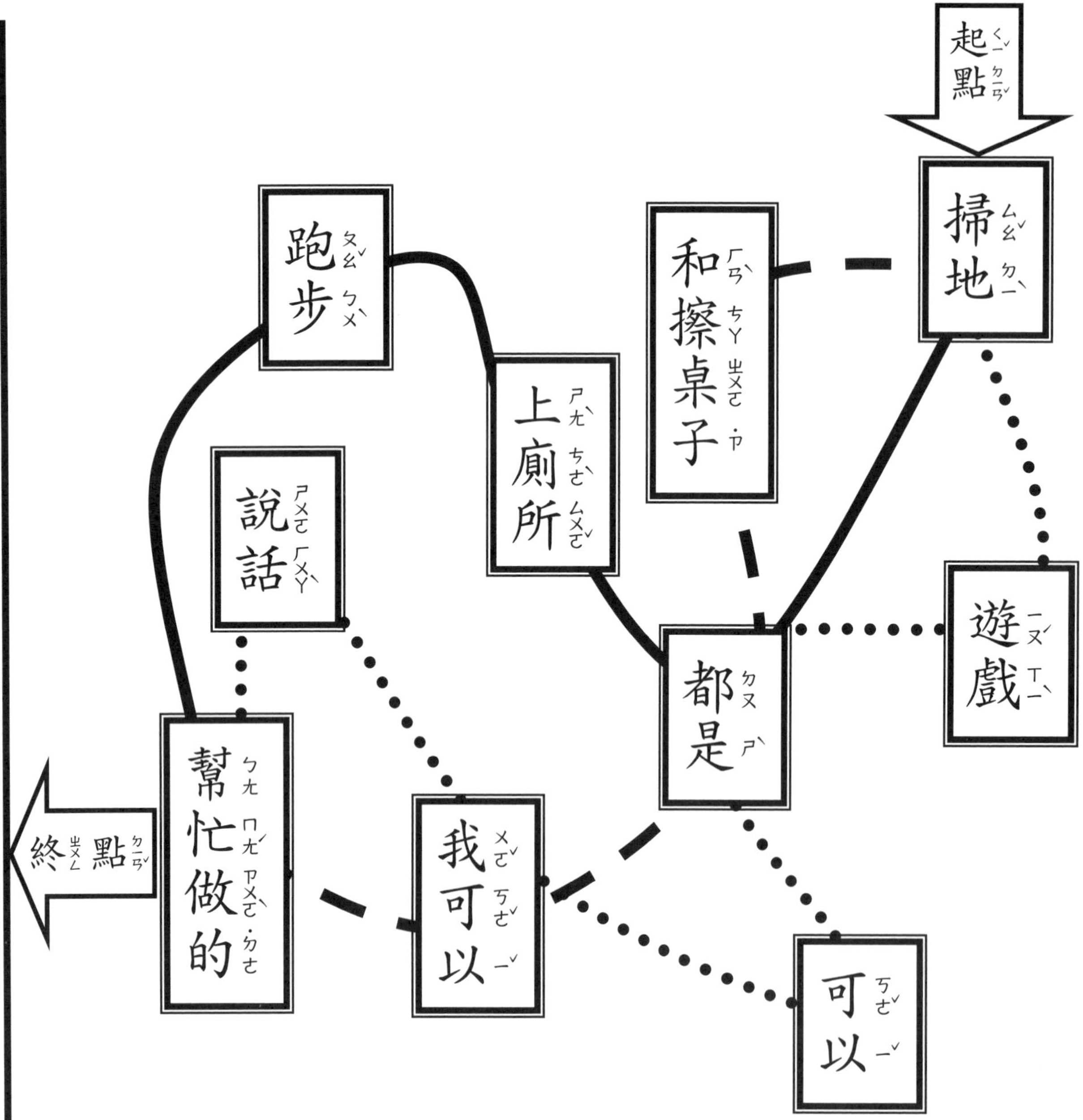

我的表現：☆☆☆☆☆☆☆☆☆☆

今天是　月　日，我會說出或寫出一個完整的句子。

*組合火車：請將適當的語詞填入火車車廂裡，讓它變成通順的句子！

不是　都是　媽媽　看　哥哥　跳舞　書　車子上　的飯菜　唱歌　煮的　真是　餐桌上

我的表現：

☆
☆
☆
☆
☆
☆
☆
☆
☆
☆

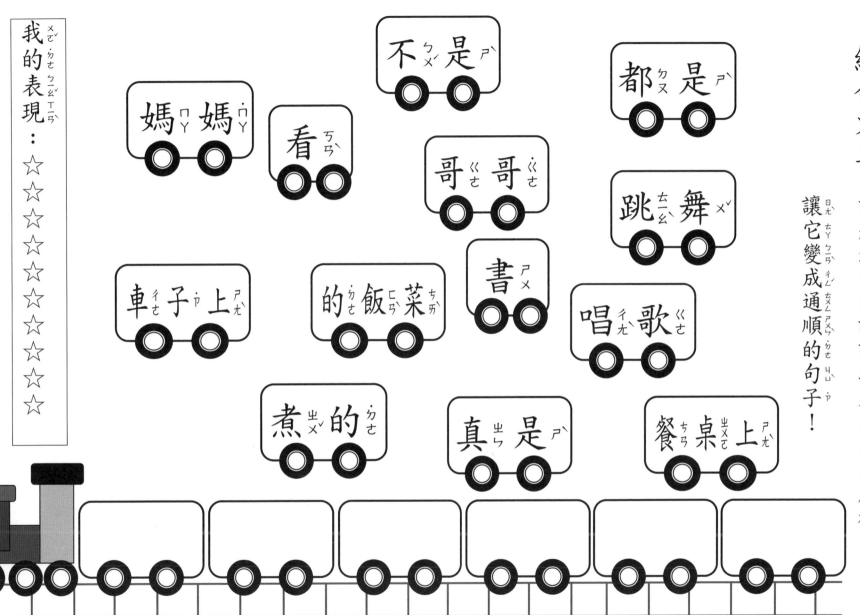

今天是　　月　　日，我練習了以下這些句子。

自我挑戰：請寫出適當的語詞，讓句子唸起來通順。

1. ＿＿＿＿都是＿＿＿＿。

2. ＿＿＿＿都是＿＿＿＿。

3. ＿＿＿＿都是＿＿＿＿。

4. ＿＿＿＿都是＿＿＿＿。

5. ＿＿＿＿都是＿＿＿＿。

我的表現：☆☆☆☆☆☆☆☆☆☆

品格教育學習單 1

＊想一想，有哪些事情是你可以幫忙做的？

例句：掃地和擦桌子都是我可以幫忙做的。

＿＿＿＿和＿＿＿＿都是我可以幫忙做的。

＿＿＿＿和＿＿＿＿都是我可以幫忙做的。

＿＿＿＿和＿＿＿＿都是我可以幫忙做的。

＿＿＿＿和＿＿＿＿都是我可以幫忙做的。

＿＿＿＿和＿＿＿＿都是我可以幫忙做的。

今天是　　月　　日，我是負責任的小幫手。

品格教育學習單2

＊想出好方法：如何表現出負責任的態度？

老師提供的好方法：

我會每天完成回家功課。

我會完成老師所交代的任務。

我的想法：把想到的事情，寫或畫出來吧！

認識並練習「一起……」的句子

今天是　月　日，我認識了以下這些句子。

＊認識「一起……」的句子。

1. 下課後我們一起回家。

2. 全家人聚在餐桌旁一起吃團圓飯。

3. 每天下午他們都一起去公園散步。

4. 我喜歡和朋友一起在涼亭裡聊天。

5. 請你和我一起去圖書館看書吧！

今天是　月　日，我練習了以下這些句子。

＊塗塗看：請將適合句子的語詞塗上顏色。

下課後我們

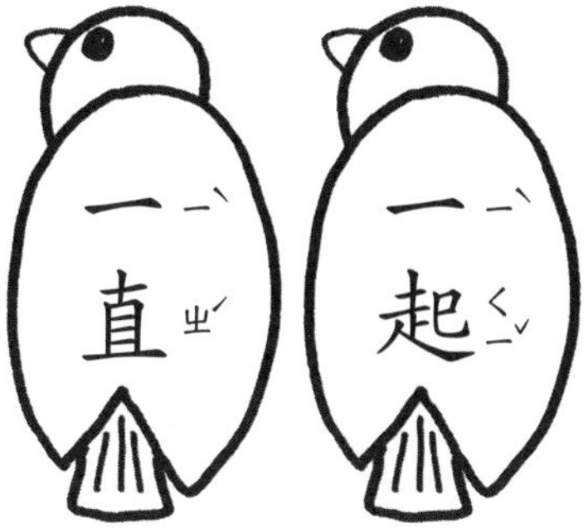

回家。

每天下午他們都一起去

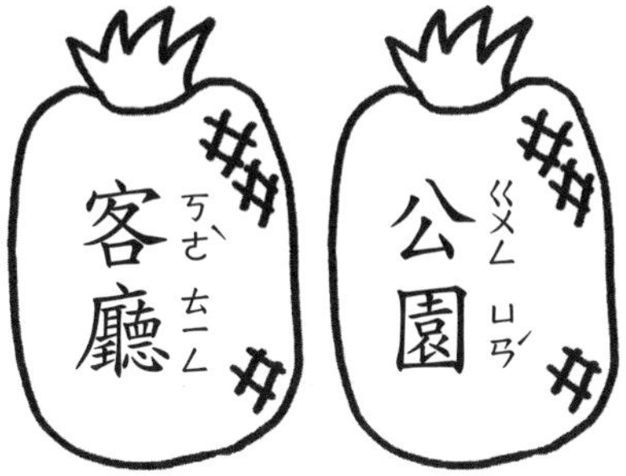

散步。

全家人聚在

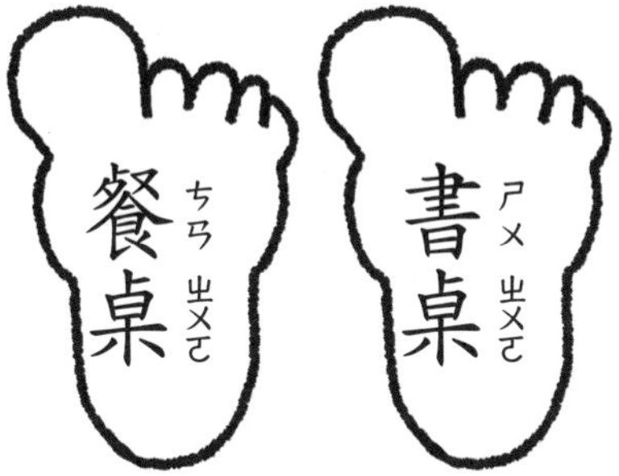

旁一起吃團圓飯。

請你和我一起去圖書館

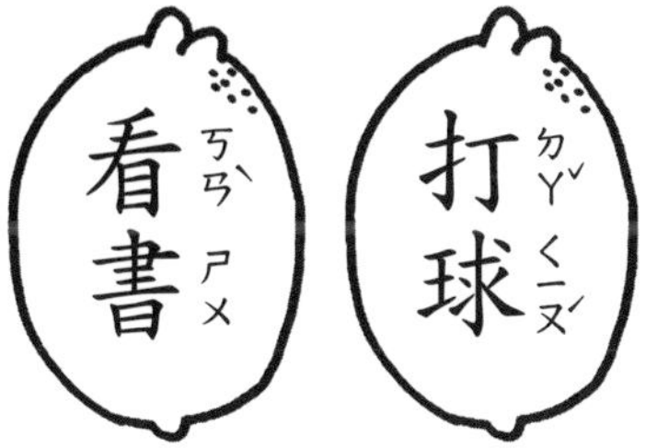

吧！

我的表現：☆☆☆☆☆☆☆☆☆☆

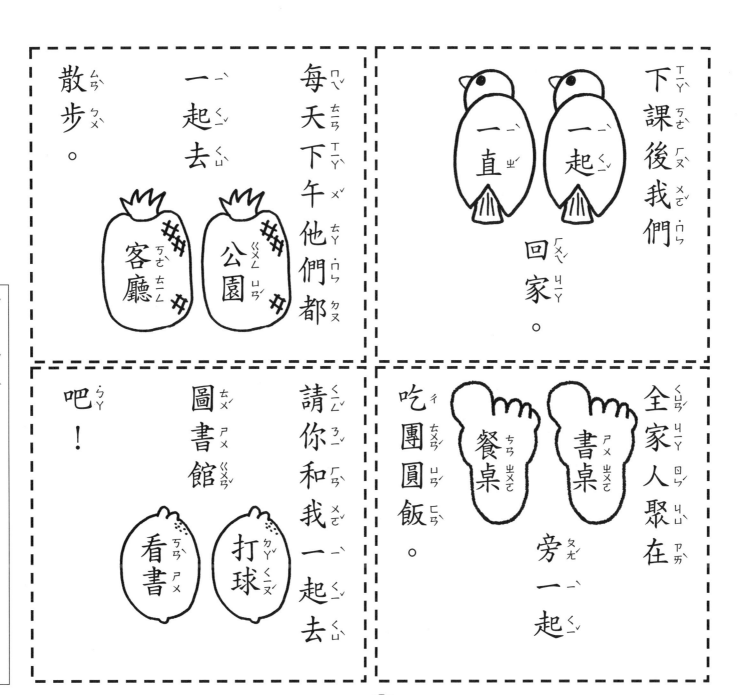

今天是　月　日，我會說出或寫出一個完整的句子。

*句子迷宮：請從起點開始，將語詞連成一個完整的句子。走到終點後，記得將完整的句子寫在格子裡。

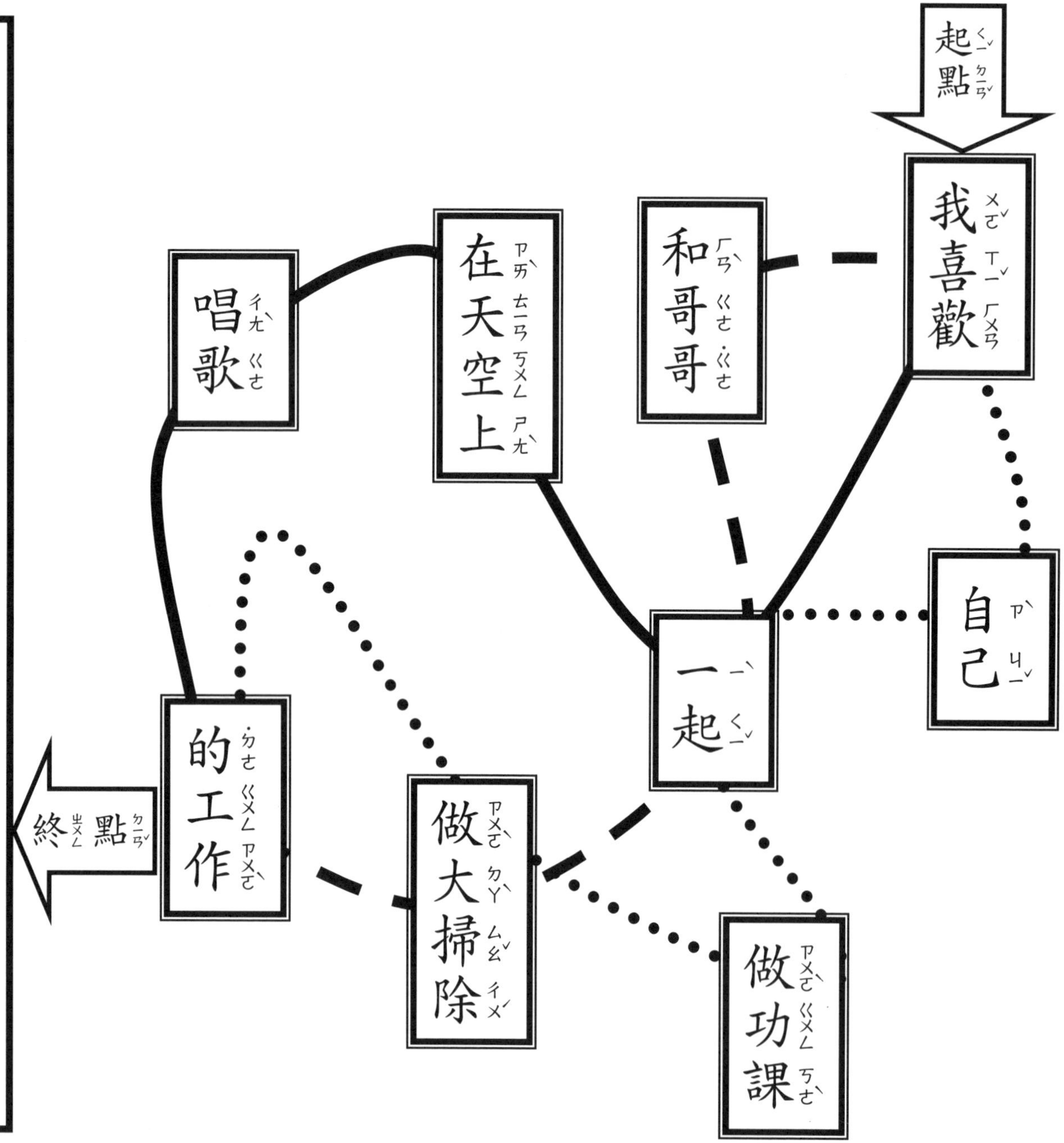

我的表現：☆☆☆☆☆☆☆☆☆☆

今天是　　月　　日，我會說出或寫出一個完整的句子。

＊組合火車：請將適當的語詞填入火車車廂裡，讓它變成通順的句子！

不是　聊天　一起　在　哥哥　跳舞　和　涼亭裡　我喜歡　唱歌　自己　朋友　學校裡

我的表現：
☆☆☆☆☆☆☆☆☆☆

今天是　月　日，我練習了以下這些句子。

自我挑戰：請寫出適當的語詞，讓句子唸起來通順。

1. ＿＿一起＿＿。

2. ＿＿一起＿＿。

3. ＿＿一起＿＿。

4. ＿＿一起＿＿。

5. ＿＿一起＿＿。

我的表現：☆☆☆☆☆☆☆☆☆☆

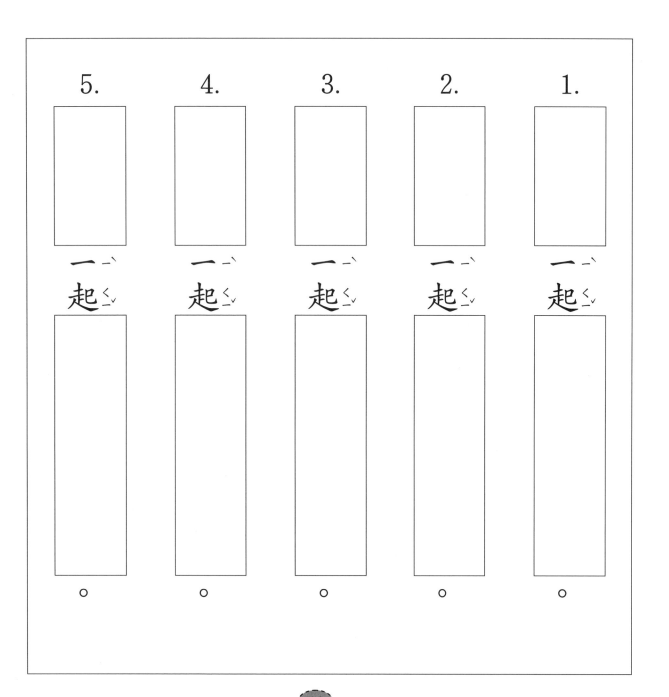

品格教育學習單 1

*想一想，有哪些事情是可以跟別人一起合作的？

例句：我和哥哥一起做大掃除的工作。

我和＿＿一起＿＿。

我和＿＿一起＿＿。

我和＿＿一起＿＿。

我和＿＿一起＿＿。

我和＿＿一起＿＿。

今天是　月　日，我學會和別人一起合作。

品格教育學習單 2

*想出好方法：如何發揮團隊合作的精神？

老師提供的好方法：

我會與同學一起討論合作的主題。

我會在團隊中一起完成工作。

我的想法：把想到的事情，寫或畫出來吧！

認識並練習「也……」的句子

今天是　月　日，我認識了以下這些句子。

*認識「也……」的句子。

1. 媽媽喜歡吃冰，我也喜歡吃冰。

2. 爸爸喜歡跑步，弟弟也喜歡跑步。

3. 姐姐喜歡跳舞，妹妹也喜歡跳舞。

4. 老師喜歡唱歌，學生也喜歡唱歌。

5. 爺爺喜歡喝茶，奶奶也喜歡喝茶。

今天是　月　日，我練習了以下這些句子。

＊塗塗看：請將適合句子的語詞塗上顏色。

媽媽喜歡吃冰，

我

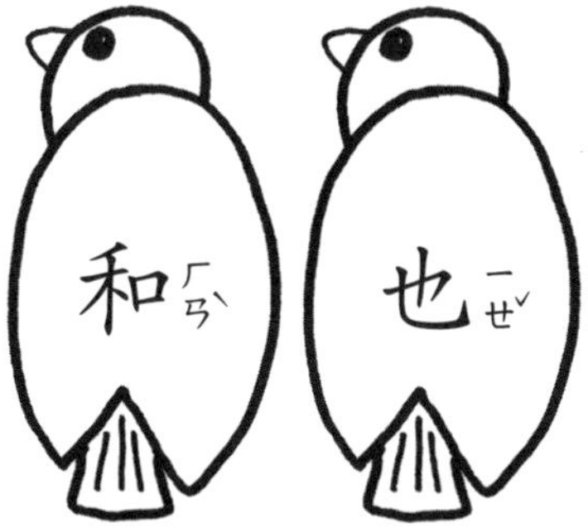

喜歡吃冰。

姐姐喜歡跳舞，

妹妹也喜歡

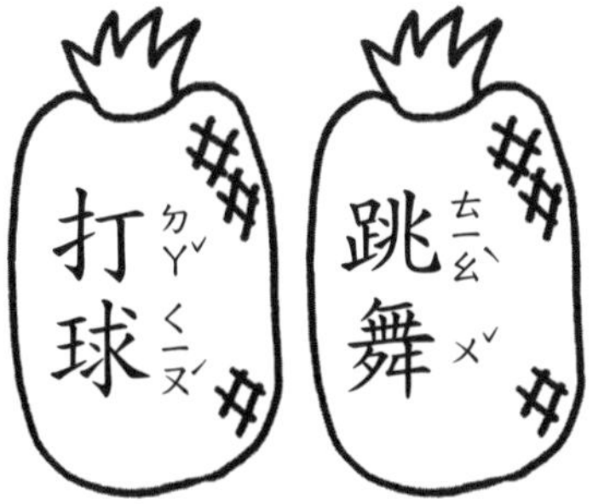

。

爸爸喜歡跑步，

弟弟也喜歡

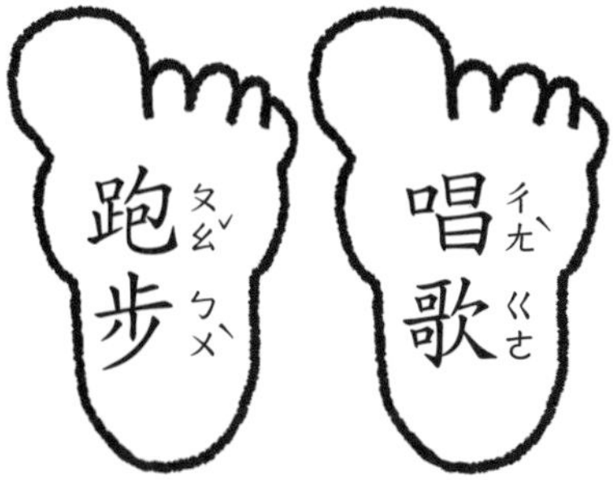

。

老師喜歡

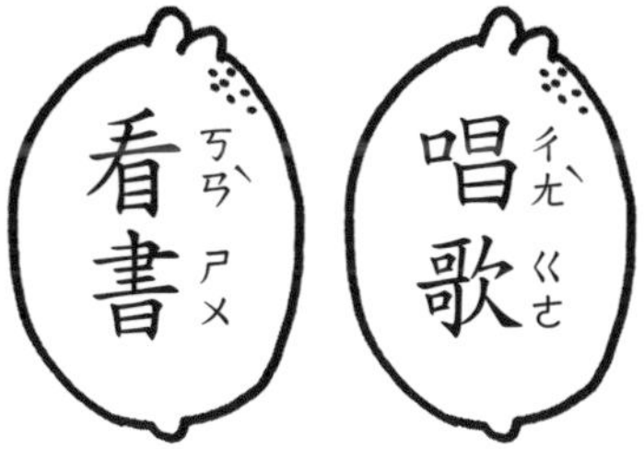

，

學生也喜歡唱歌。

我的表現：☆☆☆☆☆☆☆☆☆☆

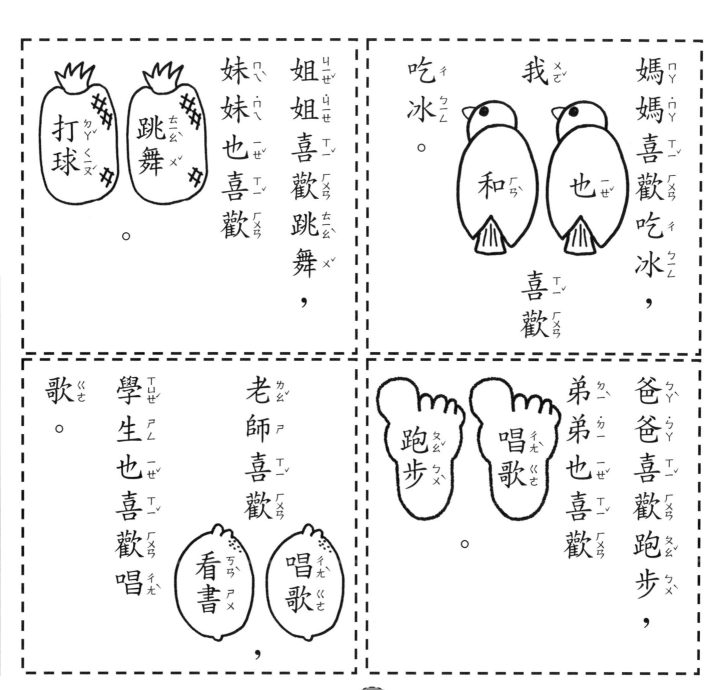

今天是　月　日，我會說出或寫出一個完整的句子。

*句子迷宮：請從起點開始，將語詞連成一個完整的句子。走到終點後，記得將完整的句子寫在格子裡。

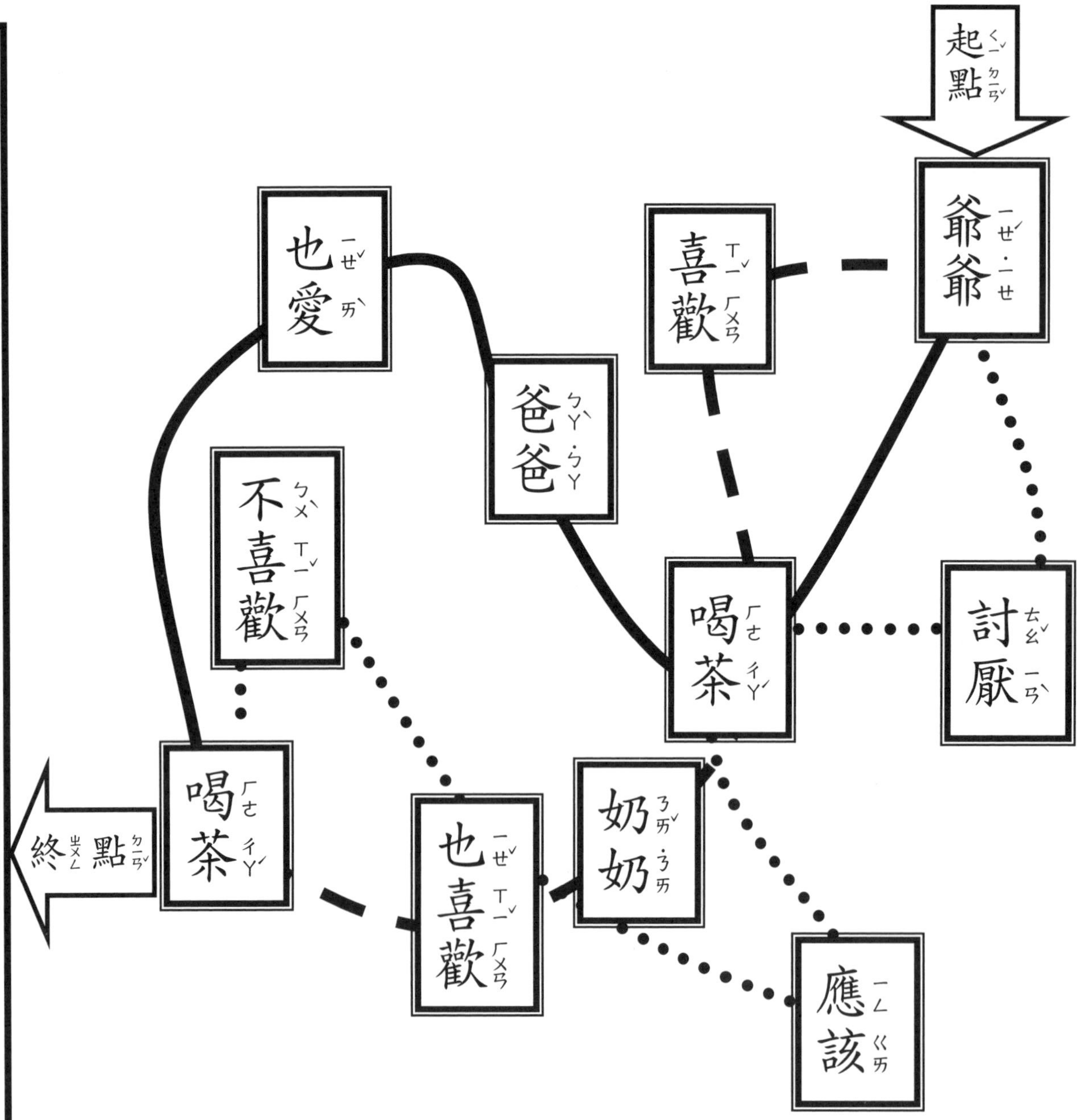

我的表現：☆☆☆☆☆☆☆☆☆☆

今天是　　月　　日，我會說出或寫出一個完整的句子。

＊組合火車：請將適當的語詞填入火車車廂裡，讓它變成通順的句子！

只會　有錢人　也會　我　哥哥　幫助　欺負弱小　捐獻物資　會　唱歌　自己　弱勢朋友　欺負

我的表現：☆☆☆☆☆☆☆☆☆☆

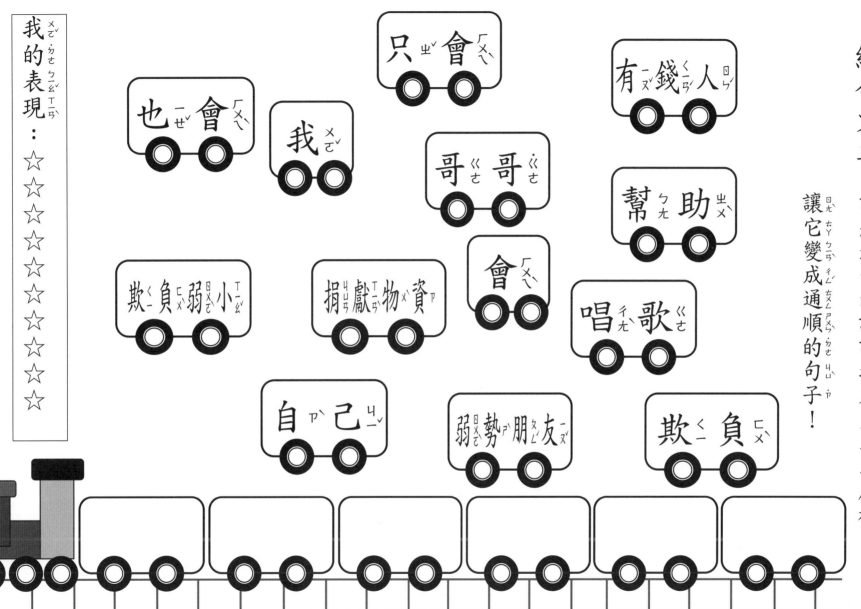

今天是＿＿月＿＿日，我練習了以下這些句子。

自我挑戰：請寫出適當的語詞，讓句子唸起來通順。

1. ＿＿＿＿，＿＿也＿＿＿＿。

2. ＿＿＿＿，＿＿也＿＿＿＿。

3. ＿＿＿＿，＿＿也＿＿＿＿。

4. ＿＿＿＿，＿＿也＿＿＿＿。

5. ＿＿＿＿，＿＿也＿＿＿＿。

我的表現：☆☆☆☆☆☆☆☆☆☆

品格教育學習單1

*想一想，你會做什麼來幫助別人？

例句：我會捐獻物資，也會幫助弱勢朋友。

我會幫忙垃圾分類，也會＿＿＿＿。

我會幫忙做家事，也會＿＿＿＿。

我會＿＿＿＿，也會＿＿＿＿。

我會＿＿＿＿，也會＿＿＿＿。

我會＿＿＿＿，也會＿＿＿＿。

今天是　　月　　日，我學會服務他人。

品格教育學習單2

*想出好方法：我懂得如何服務他人？

老師提供的好方法：

我會幫助班上的身心障礙同學。

搭公車時，我會讓座給老弱婦孺。

我的想法：把想到的事情，寫或畫出來吧！

認識並練習「就是……」的句子

今天是　月　日，我認識了以下這些句子。

＊認識「就是……」的句子。

1. 爸爸**就是**我的玩伴。

2. 字典**就是**一種圖書工具。

3. 大海**就是**海豚溫暖的家。

4. 弟弟最喜歡的玩具**就是**積木。

5. 爺爺最喜歡的運動**就是**打太極拳。

今天是　月　日，我練習了以下這些句子。

＊塗塗看：請將適合句子的語詞塗上顏色。

爸爸　　我的玩伴。

而且　就是

海豚溫暖的家。

陸地　大海　就是

字典就是一種　工具。

圖書　圖畫

爺爺最喜歡的　打太極拳。

食物　運動　就是

我的表現：☆☆☆☆☆☆☆☆☆☆

27

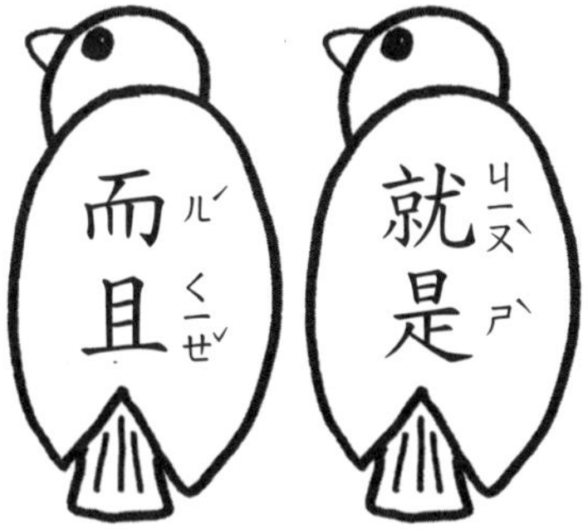

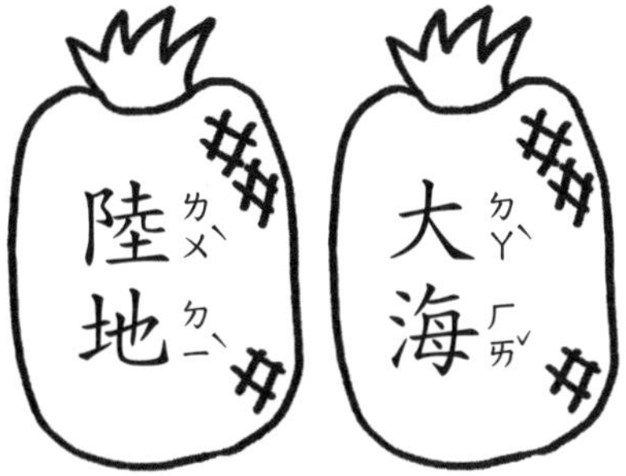

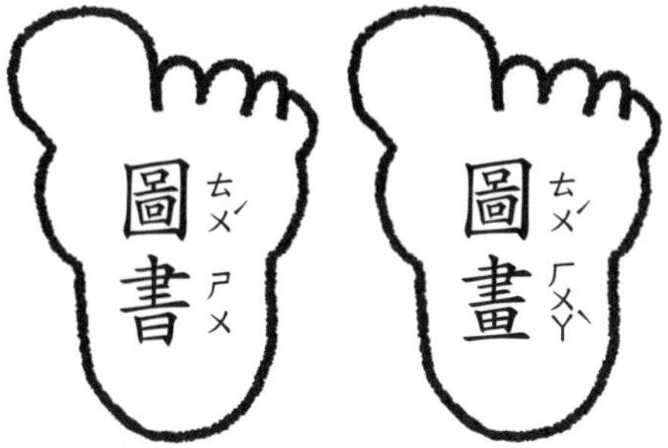

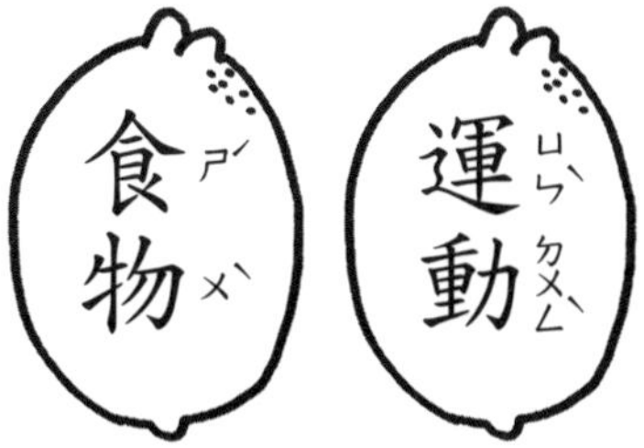

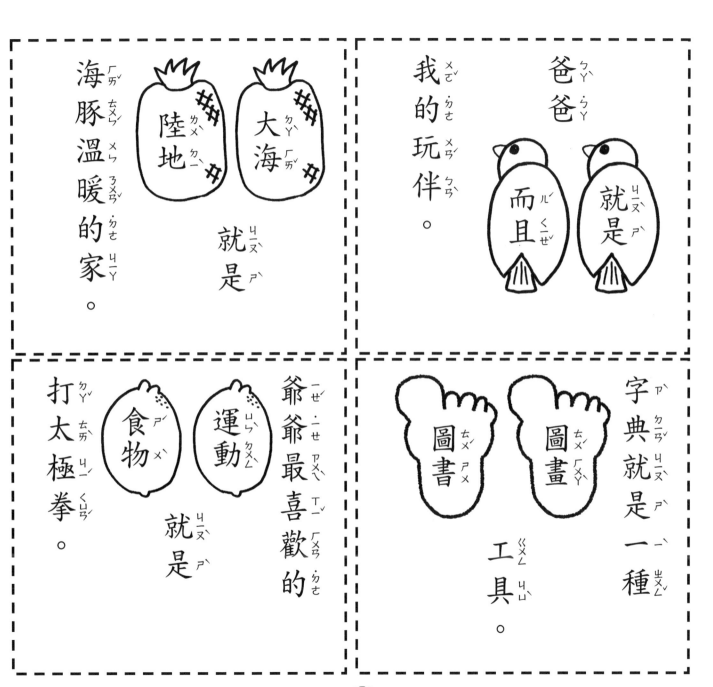

今天是　月　日，我會說出或寫出一個完整的句子。

＊句子迷宮：請從起點開始，將語詞連成一個完整的句子。走到終點後，記得將完整的句子寫在格子裡。

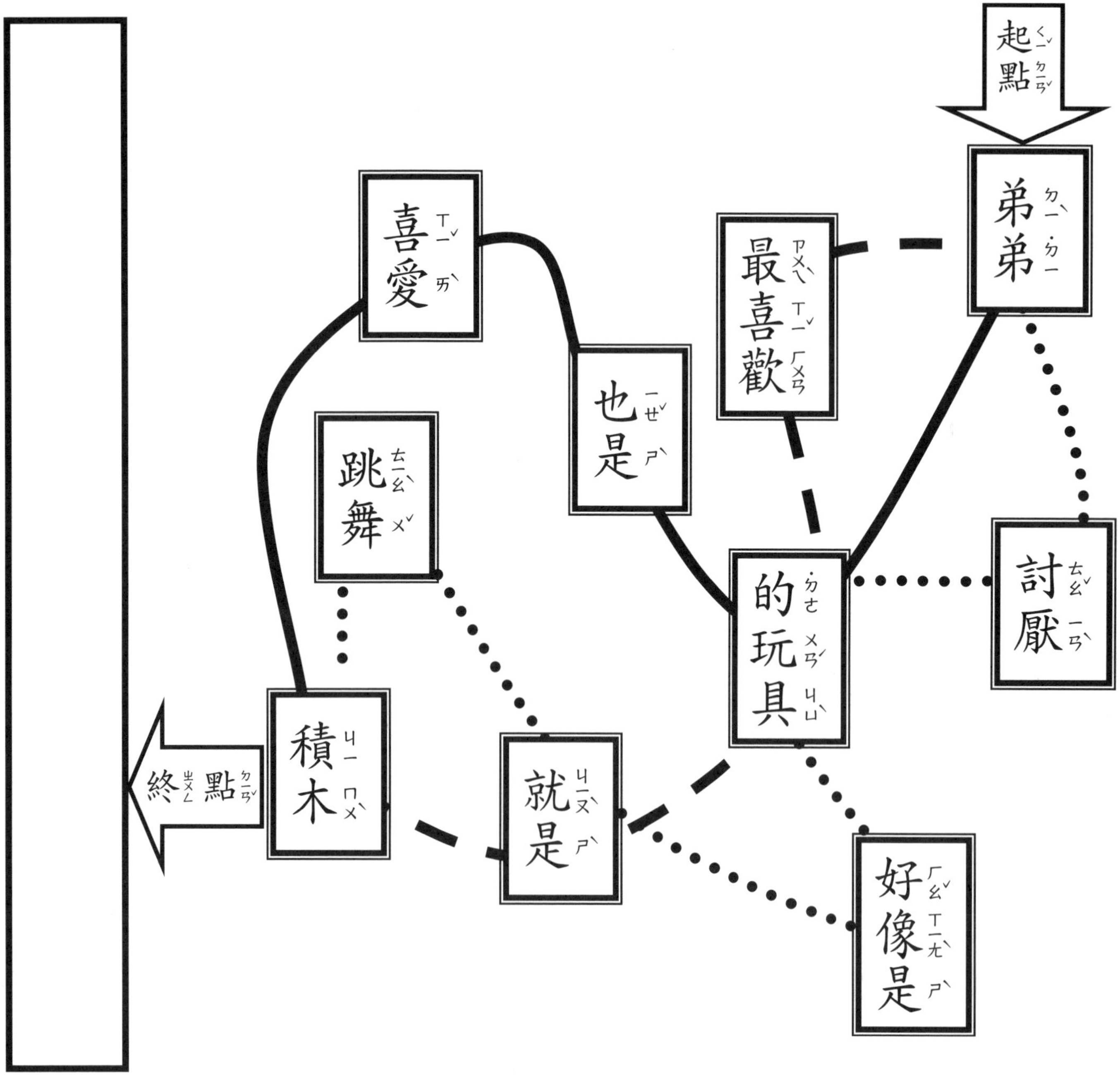

我的表現：☆☆☆☆☆☆☆☆☆☆

今天是　月　日，我會說出或寫出一個完整的句子。

*組合火車：請將適當的語詞填入火車車廂裡，讓它變成通順的句子！

只會

好習慣

就是

我

隨手

可以

欺負弱小

好的行為

會

關燈

一種

壞的表現

隨便

我的表現：

☆
☆
☆
☆
☆
☆
☆
☆
☆
☆

今天是　月　日，我練習了以下這些句子。

自我挑戰：請寫出適當的語詞，讓句子唸起來通順。

1. ＿＿就是＿＿。

2. ＿＿就是＿＿。

3. ＿＿就是＿＿。

4. ＿＿就是＿＿。

5. ＿＿就是＿＿。

我的表現：☆☆☆☆☆☆☆☆☆☆

品格教育學習單 1

*想一想，有哪些舉動是好的行為？

例句：隨手關燈就是一種好的行為。

______ 就是一種好的行為。

______ 就是一種好的行為。

______ 就是一種好的行為。

______ 就是一種好的行為。

______ 就是一種好的行為。

今天是　月　日，我會做對的事。

品格教育學習單2

*想出好方法：如何分辨做對的事呢？

♥老師提供的好方法：

我會幫助同學；
不會欺負同學。

我會認真努力做
事情；不會偷懶
不做事。

我的想法：把想到的事情，寫或畫出來吧！

認識並練習「終於……」的句子

今天是　月　日，我認識了以下這些句子。

*認識「終於……」的句子。

1. 弟弟終於學會打籃球。

2. 那位足球員終於踢進一球。

3. 老師說明後，學生終於明白了。

4. 醫生搶救後，病人終於清醒了。

5. 姐姐長久的願望終於實現了。

今天是　月　日，我練習了以下這些句子。

＊塗塗看：請將適合句子的語詞塗上顏色。

弟弟

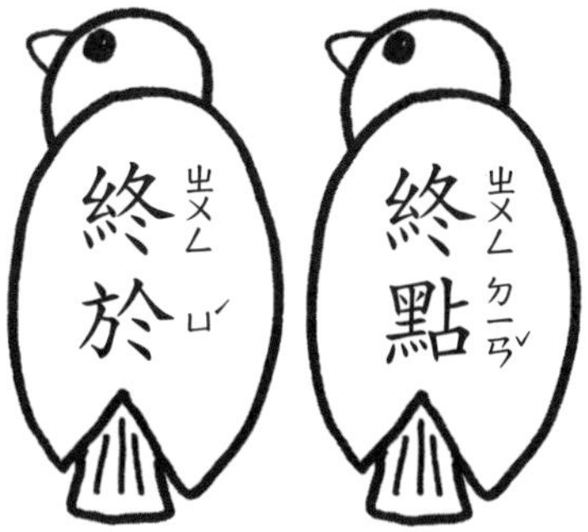

學會打籃球。

老師說明後，

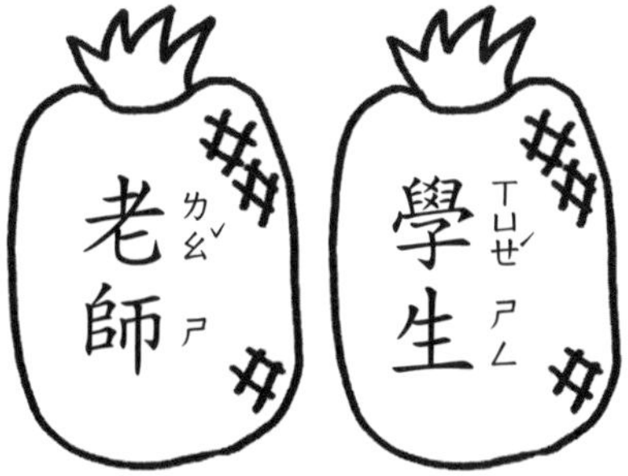

終於明白了。

那位

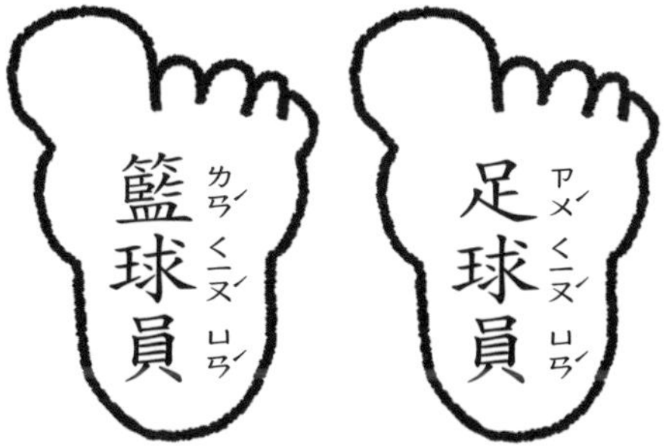

終於踢進一球。

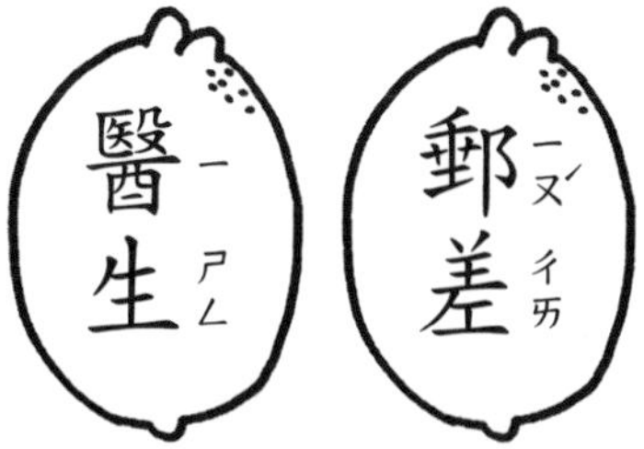

搶救後，病人終於清醒了。

我的表現：☆☆☆☆☆☆☆☆☆☆

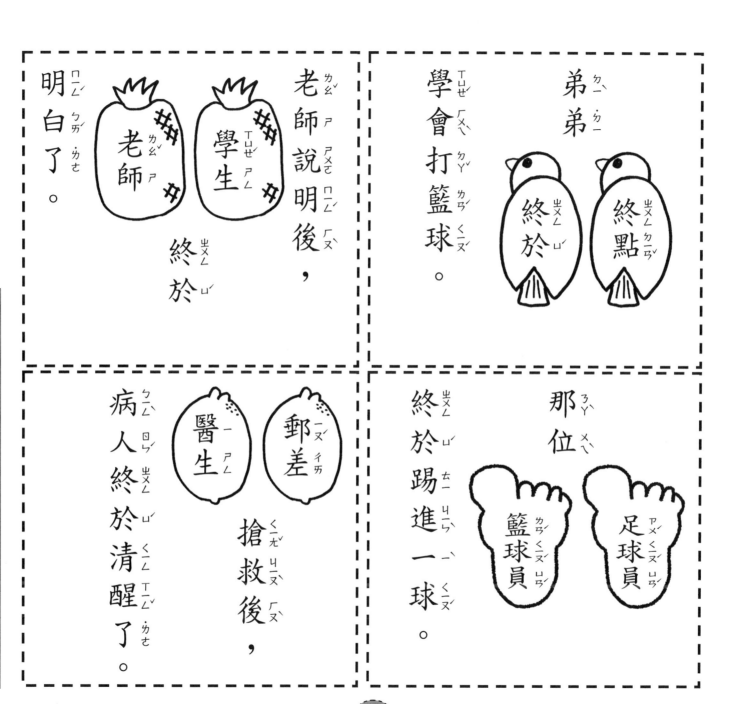

今天是　月　日，我會說出或寫出一個完整的句子。

＊句子迷宮：請從起點開始，將語詞連成一個完整的句子。走到終點後，記得將完整的句子寫在格子裡。

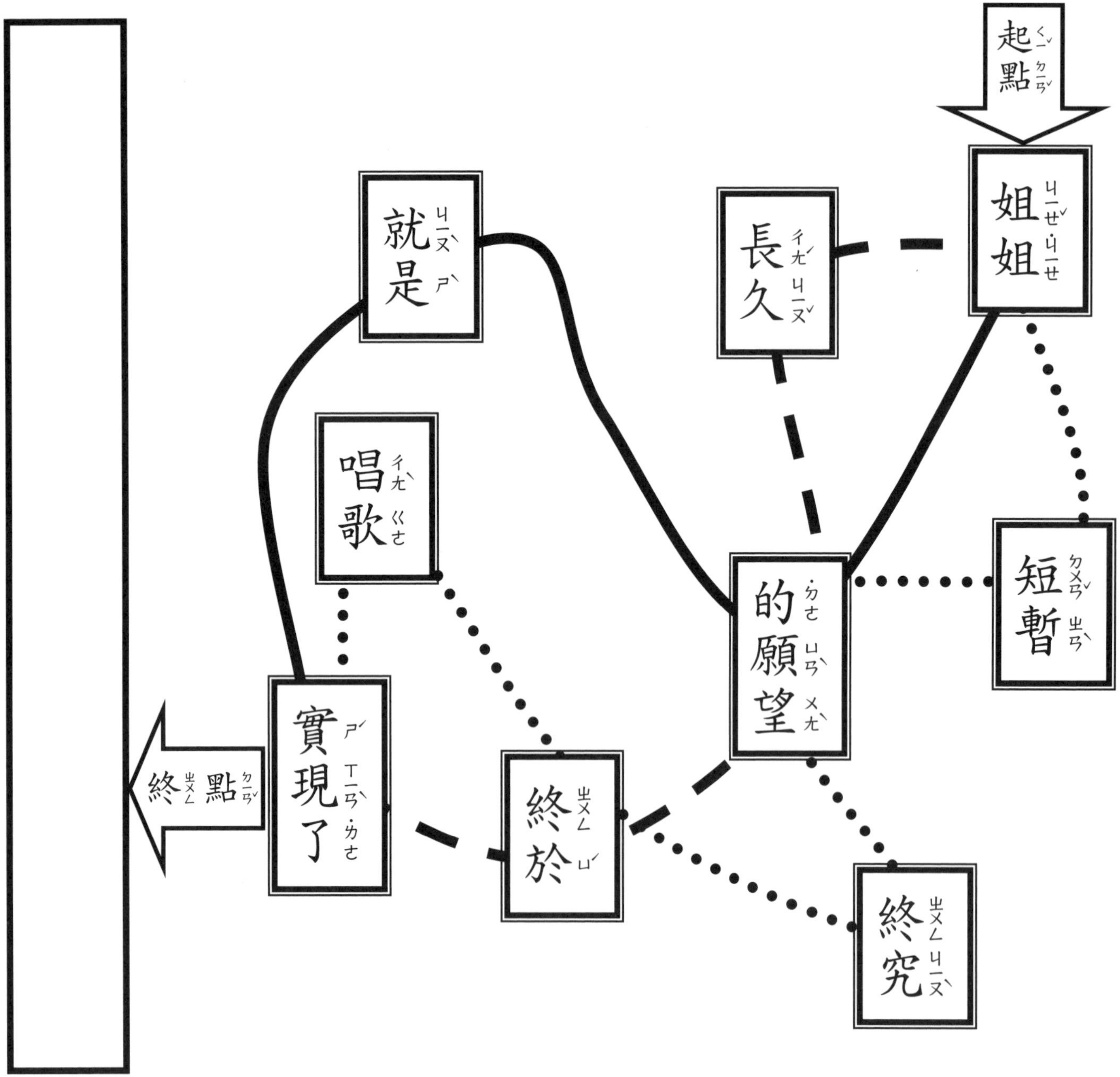

我的表現：☆☆☆☆☆☆☆☆☆☆

今天是　月　日，我會說出或寫出一個完整的句子。

＊組合火車：請將適當的語詞填入火車車廂裡，讓它變成通順的句子！

不斷的

經過

終究

自然

終於

我

關燈

他

彈鋼琴

打棒球

學會

寫作業

練習

我的表現：

☆☆☆☆☆☆☆☆☆☆

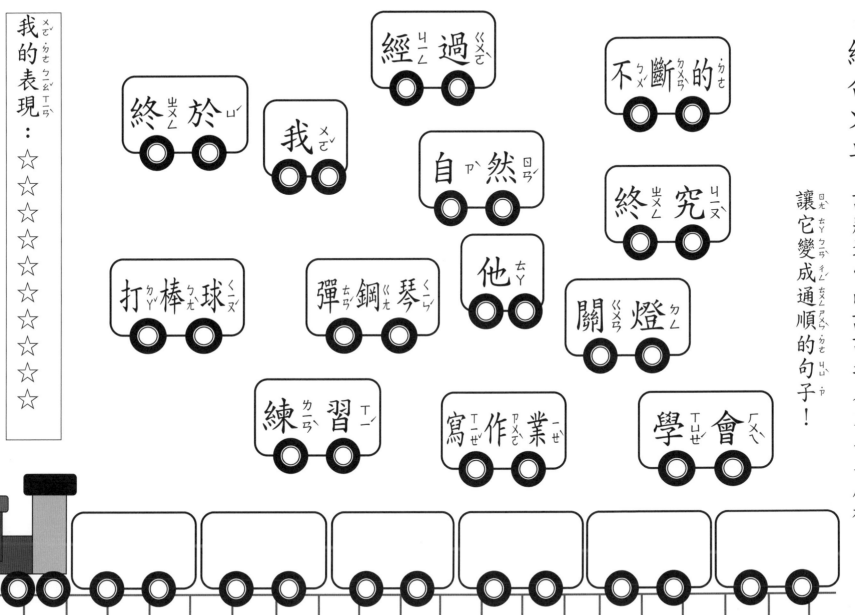

今天是　月　日，我練習了以下這些句子。

自我挑戰：請寫出適當的語詞，讓句子唸起來通順。

1. ＿＿終於＿＿。

2. ＿＿終於＿＿。

3. ＿＿終於＿＿。

4. ＿＿終於＿＿。

5. ＿＿終於＿＿。

我的表現：☆☆☆☆☆☆☆☆☆☆

品格教育學習單1

*想一想，有哪些事情是你努力後才終於學會的？

例句：他經過不斷的練習，終於學會彈鋼琴。

我很努力學習，終於　　　　。

我很認真練習，終於　　　　。

　　　　，終於　　　　。

　　　　，終於　　　　。

　　　　，終於　　　　。

今天是　　月　　日，我會努力做好一件事。

品格教育學習單 2

*想出好方法：我會持之以恆完成一件事情。

老師提供的好方法：

我不斷的苦練，終於當上職棒球員。

我很努力練習，終於獲得上台表演的機會。

我的想法：把想到的事情，寫或畫出來吧！

認識並練習「好像……」的句子

今天是　　月　　日，我認識了以下這些句子。

*認識「好像……」的句子。

1. 妹妹長得好像爸爸。

2. 弟弟的動作好像小狗。

3. 天上的月亮好像一塊月餅。

4. 大象的鼻子好像一根水管。

5. 妹妹的臉頰好像一顆紅通通的蘋果。

今天是　月　日，我練習了以下這些句子。

＊塗塗看：請將適合句子的語詞塗上顏色。

妹妹長得

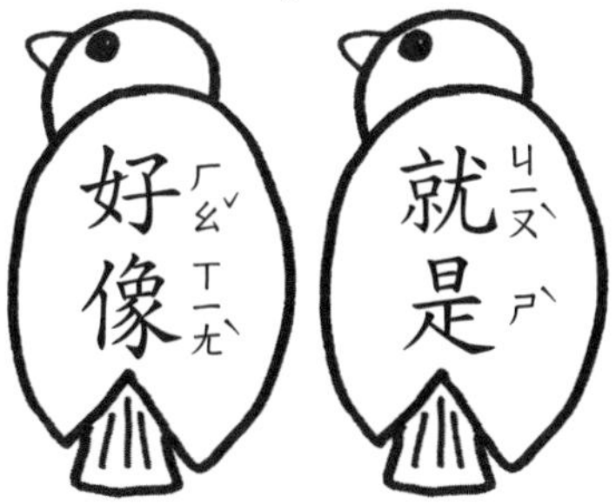

爸爸。

天上的

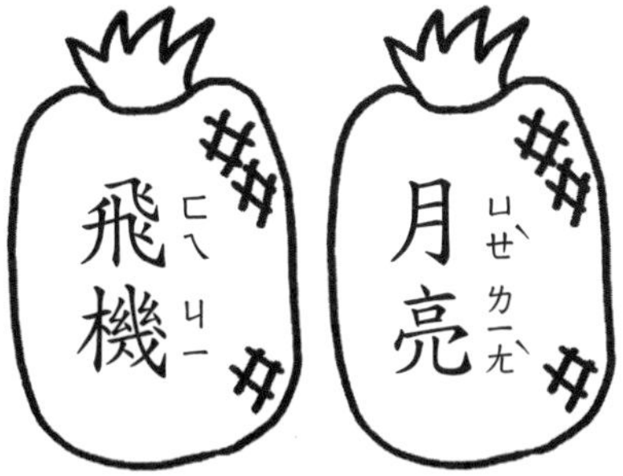

好像一塊月餅。

弟弟的

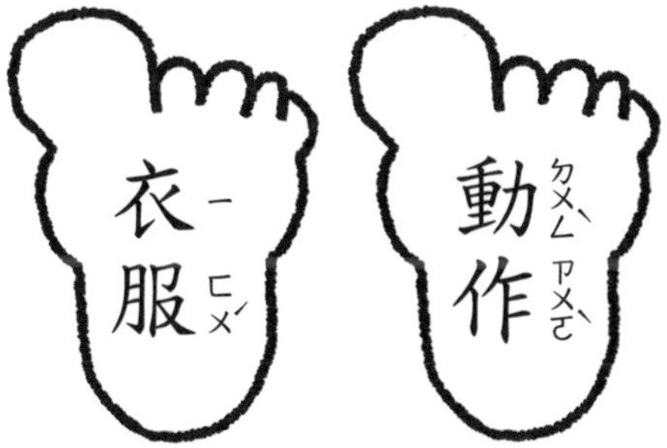

好像小狗。

妹妹的臉頰好像一顆紅通通的

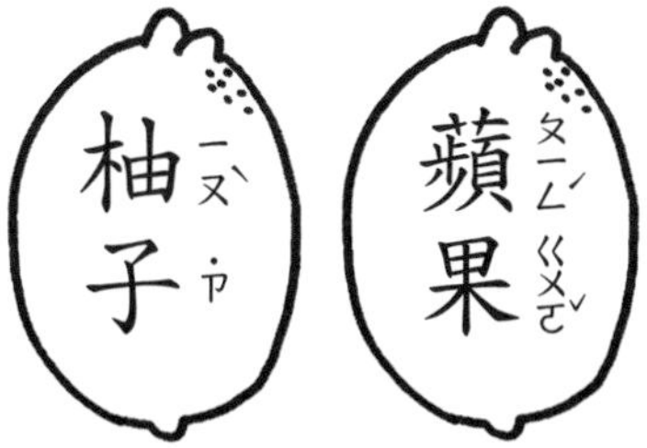

。

我的表現：☆☆☆☆☆☆☆☆☆☆

今天是　　月　　日，我會說出或寫出一個完整的句子。

*句子迷宮：請從起點開始，將語詞連成一個完整的句子。走到終點後，記得將完整的句子寫在格子裡。

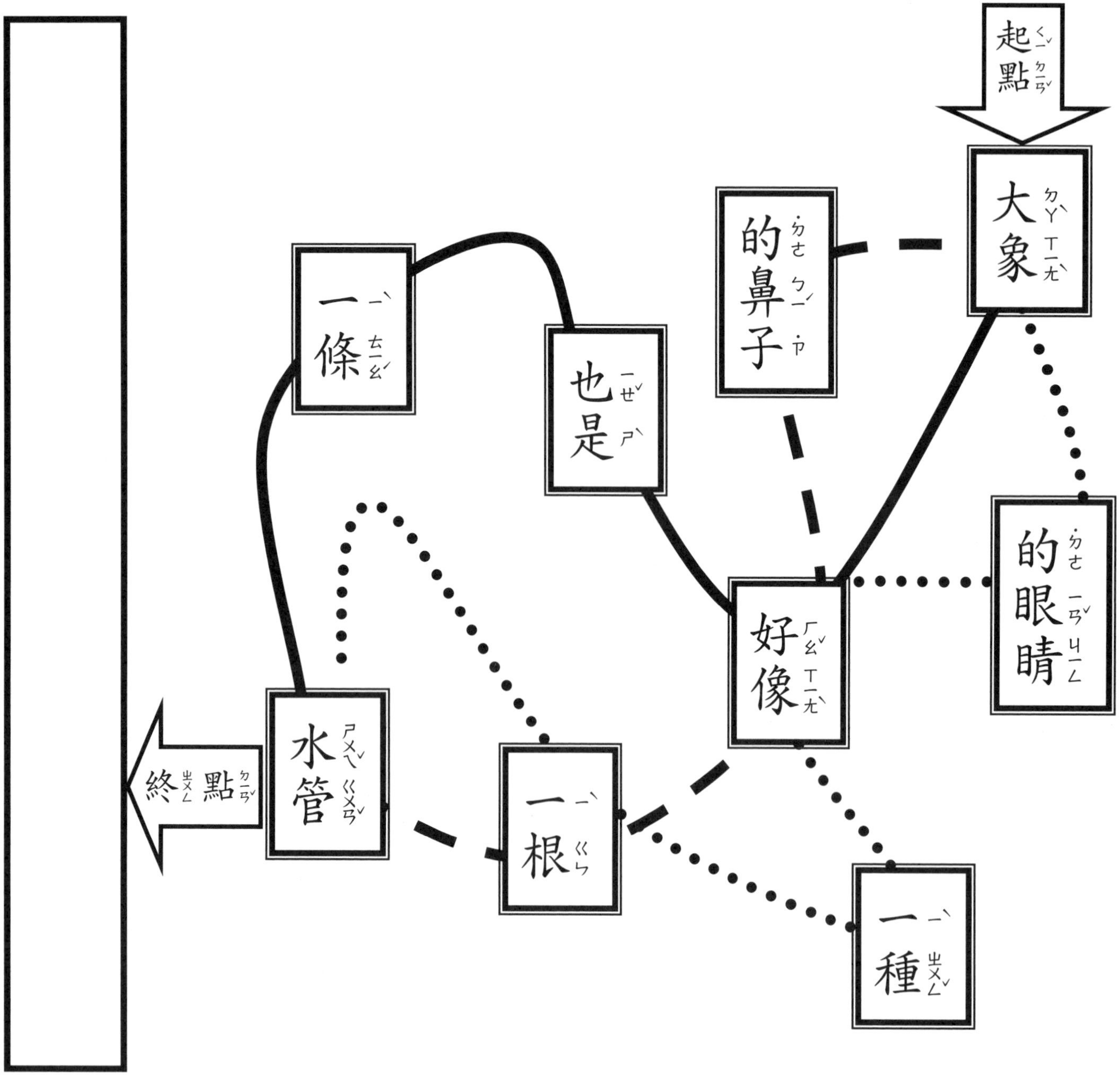

我的表現：☆☆☆☆☆☆☆☆☆☆

今天是　月　日，我會說出或寫出一個完整的句子。

*組合火車：請將適當的語詞填入火車車廂裡，讓它變成通順的句子！

媽媽　不是　一起　的　爸爸　好像　和　運動員　大力士　身高　力氣　朋友　小矮人

我的表現：☆☆☆☆☆☆☆☆☆

今天是　月　日，我練習了以下這些句子。

自我挑戰：請寫出適當的語詞，讓句子唸起來通順。

1. ＿＿好像＿＿。

2. ＿＿好像＿＿。

3. ＿＿好像＿＿。

4. ＿＿好像＿＿。

5. ＿＿好像＿＿。

我的表現：☆☆☆☆☆☆☆☆☆☆

品格教育學習單1

*想一想，身邊的人有什麼事情或特點值得你稱讚？

例句：她的眼睛好像天上的星星一樣明亮。

媽媽的笑容好像＿＿＿＿。

爸爸的力氣好像＿＿＿＿。

＿＿＿＿好像＿＿＿＿。

＿＿＿＿好像＿＿＿＿。

＿＿＿＿好像＿＿＿＿。

今天是　　月　　日，我學會稱讚他人。

品格教育學習單 2

*想出好方法：我會欣賞他人的優點。

老師提供的好方法：

我很佩服小明厲害的打球技術。

我很欣賞她高超的琴藝。

我的想法：把想到的事情，寫或畫出來吧！

認識並練習「如果……」的句子

今天是　月　日，我認識了以下這些句子。

*認識「如果……」的句子。

1. 如果你生病了，就要去看醫生。

2. 如果沒有空氣，動物就無法呼吸。

3. 如果明天颱風來了，我們就不能去旅行。

4. 如果大家都愛護環境，地球將會更美麗。

5. 如果哥哥能用功讀書，成績就會進步。

今天是　　月　　日，我練習了以下這些句子。

＊塗塗看：請將適合句子的語詞塗上顏色。

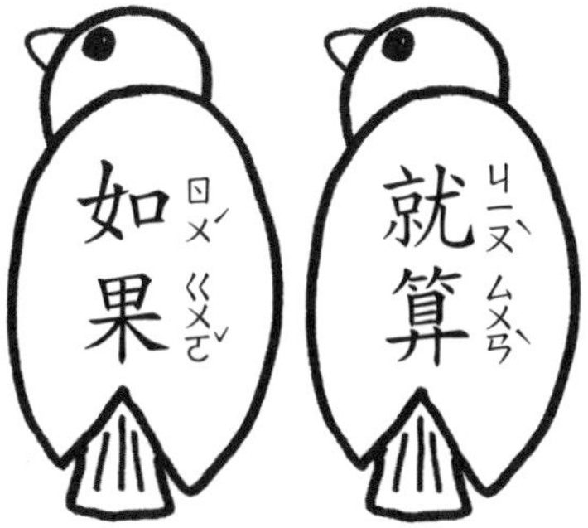

你生病了，就要去看醫生。

如果大家都愛護環境，

將會更美麗。

如果明天

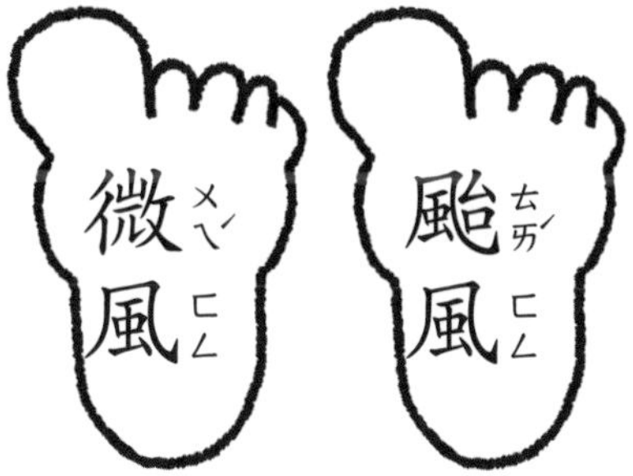

來了，我們就不能去旅行。

如果哥哥能用功讀書，

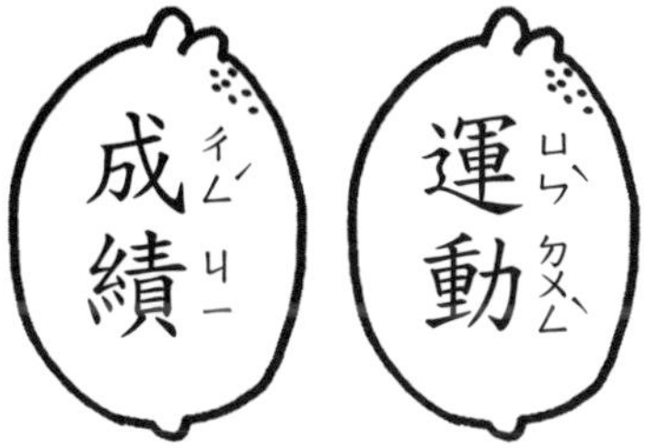

就會進步。

我的表現：☆☆☆☆☆☆☆☆☆☆

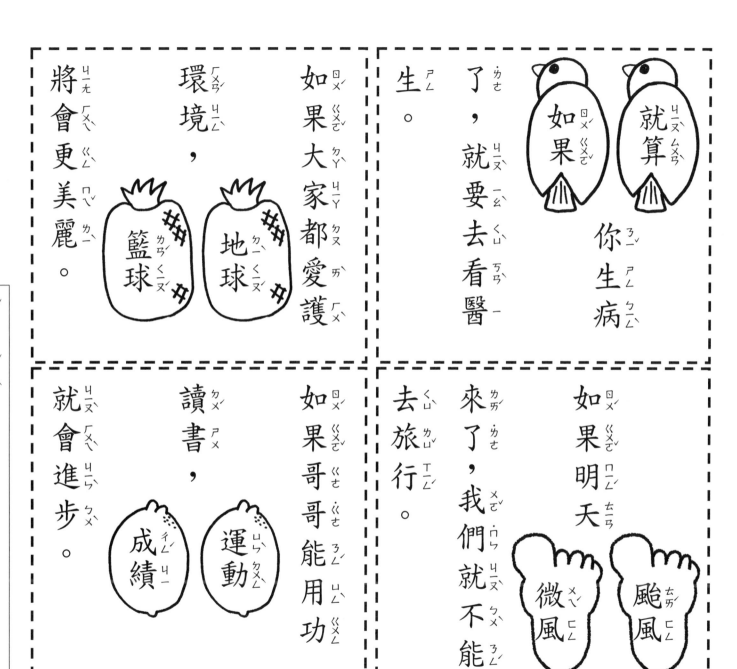

今天是　月　日，我會說出或寫出一個完整的句子。

*句子迷宮：請從起點開始，將語詞連成一個完整的句子。走到終點後，記得將完整的句子寫在格子裡。

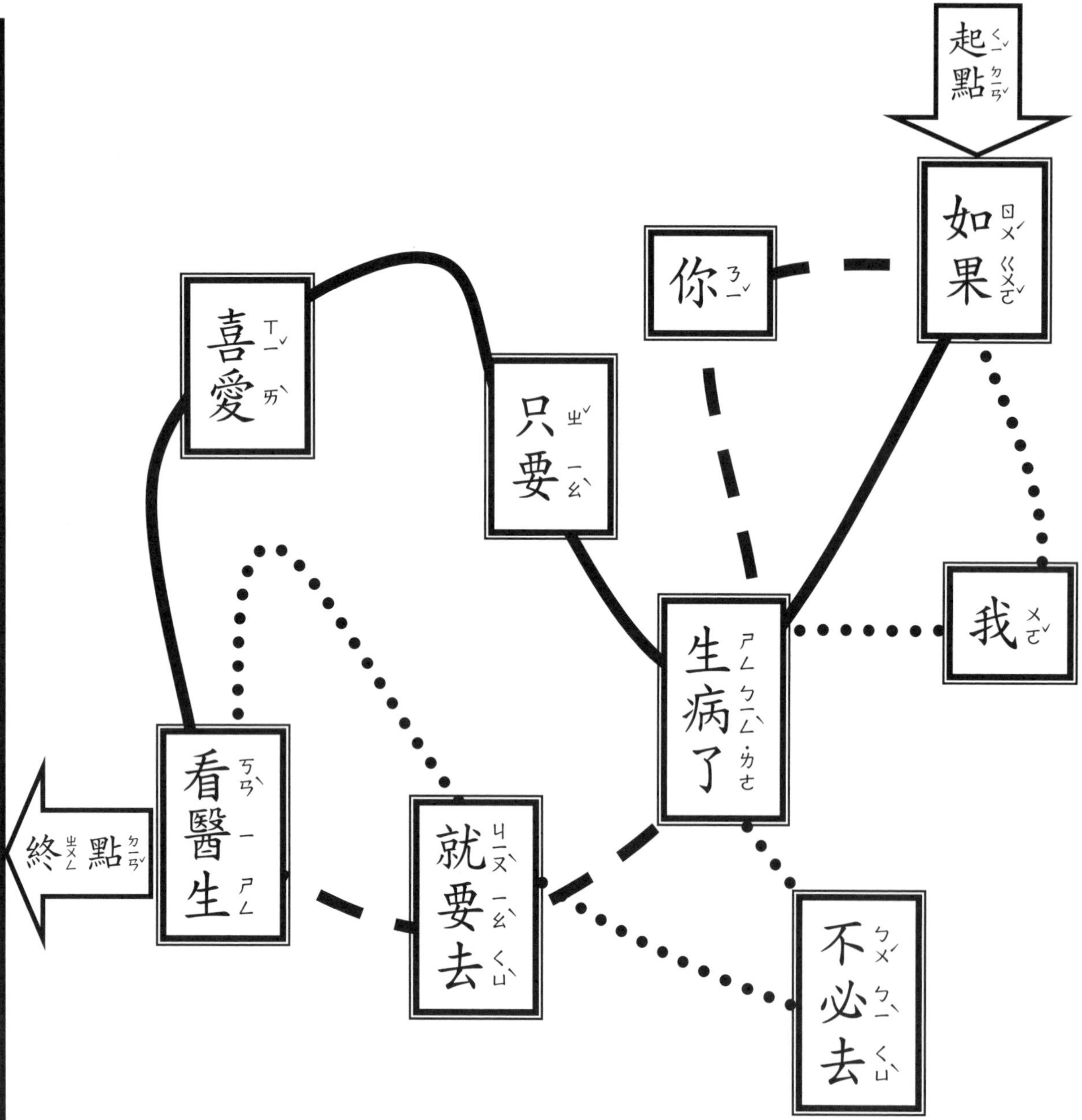

我的表現：☆☆☆☆☆☆☆☆☆☆

今天是　月　日，我會說出或寫出一個完整的句子。

＊組合火車：請將適當的語詞填入火車車廂裡，讓它變成通順的句子！

如果　警察局　可是　我　隨手　送去　欺負弱小　撿到皮包　會　關燈　回家　看到婦人　隨便

我的表現：

☆☆☆☆☆☆☆☆☆☆

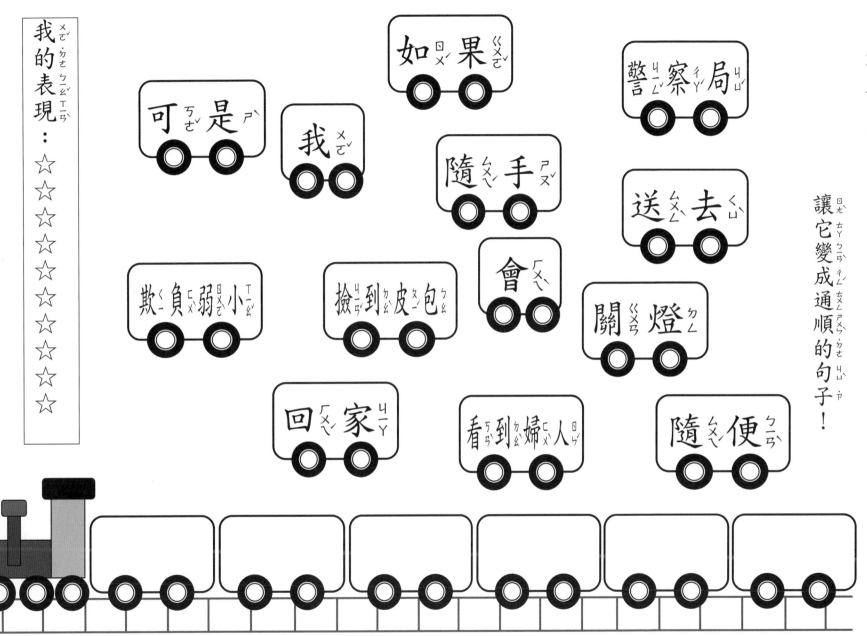

今天是　月　日，我練習了以下這些句子。

自我挑戰：請寫出適當的語詞，讓句子唸起來通順。

1. 如果＿＿＿＿，＿＿＿＿。

2. 如果＿＿＿＿，＿＿＿＿。

3. 如果＿＿＿＿，＿＿＿＿。

4. 如果＿＿＿＿，＿＿＿＿。

5. 如果＿＿＿＿，＿＿＿＿。

我的表現：☆☆☆☆☆☆☆☆☆☆

品格教育學習單1

*想一想，遇到什麼狀況時，我應該誠實面對與解決問題？

例句：如果撿到錢包，我會送去警察局。

如果弄壞同學的玩具，我會＿＿＿＿。

如果不小心打破玻璃，我會＿＿＿＿。

如果＿＿＿＿。

如果＿＿＿＿。

如果＿＿＿＿。

今天是　月　日，我知道要誠實面對問題與解決問題。

品格教育學習單2

*想出好方法：我會實話實說，絕不說謊。

老師提供的好方法：

作業忘記寫完，我會實話實說告訴老師。

把手機弄丟了，我會實話實說告訴父母。

我的想法：把想到的事情，寫或畫出來吧！

認識並練習「已經……」的句子

今天是　月　日，我認識了以下這些句子。

＊認識「已經……」的句子。

1. 弟弟已經寫完功課了。

2. 叔叔來到臺灣已經五年了。

3. 這張照片已經看不清楚了。

4. 大家已經把教室打掃乾淨了。

5. 媽媽已經去菜市場買菜了。

今天是　　月　　日，我練習了以下這些句子。

＊塗塗看：請將適合句子的語詞塗上顏色。

弟弟（如果／已經）寫完功課了。

叔叔來到（書桌／臺灣）已經五年了。

這張（照片／課本）已經看不清楚了。

大家已經把教室（骯髒／乾淨）打掃了。

我的表現：

☆☆☆☆☆☆☆☆☆☆

今天是　月　日，我會說出或寫出一個完整的句子。

*句子迷宮：請從起點開始，將語詞連成一個完整的句子。走到終點後，記得將完整的句子寫在格子裡。

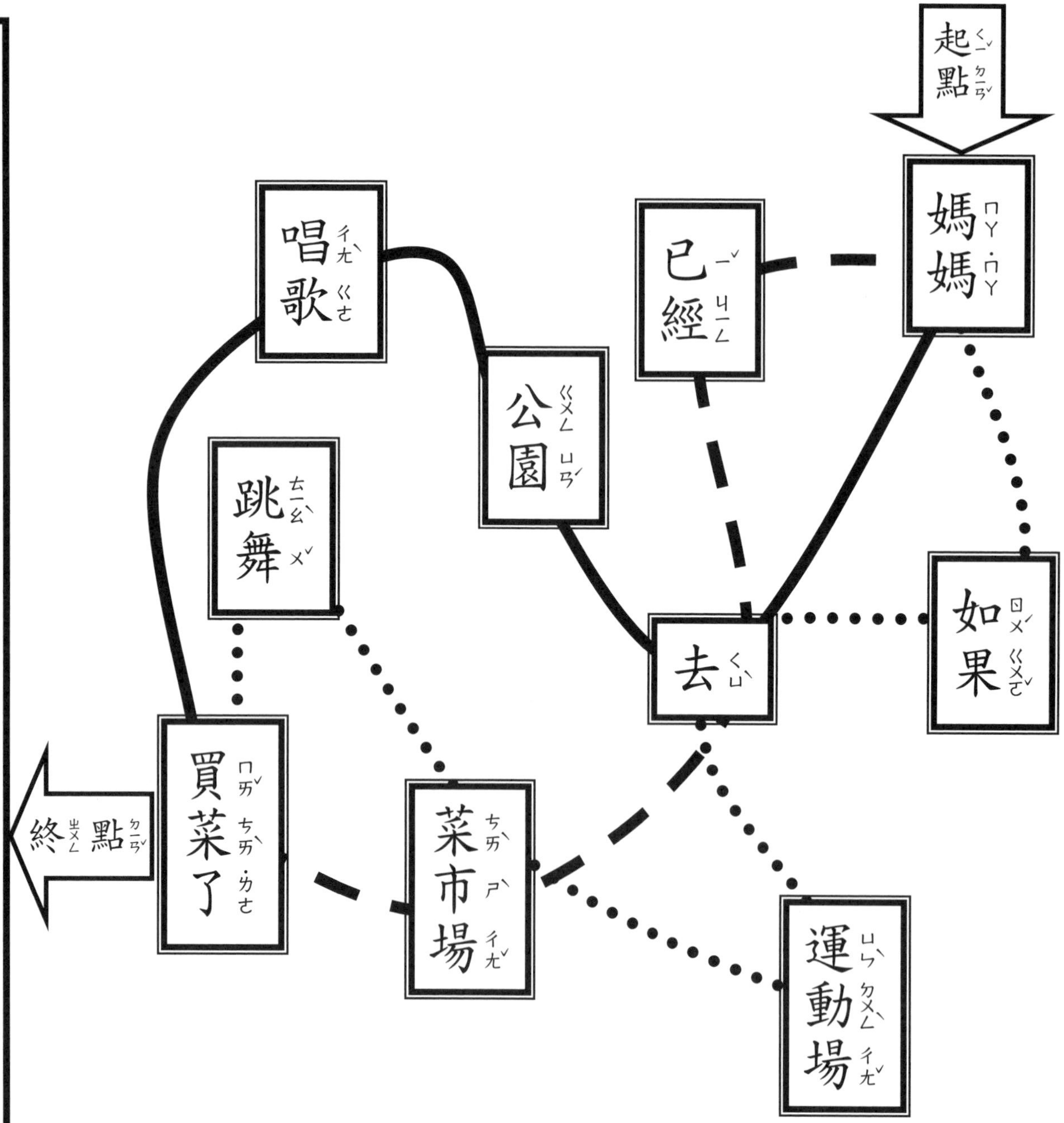

我的表現：☆☆☆☆☆☆☆☆☆☆

今天是　月　日，我會說出或寫出一個完整的句子。

＊組合火車：請將適當的語詞填入火車車廂裡，讓它變成通順的句子！

如果　公園裡　完成　我　隨手　已經　數學課本　回家作業　的　今天　可以　美勞作品　隨便

我的表現：☆☆☆☆☆☆☆☆☆☆

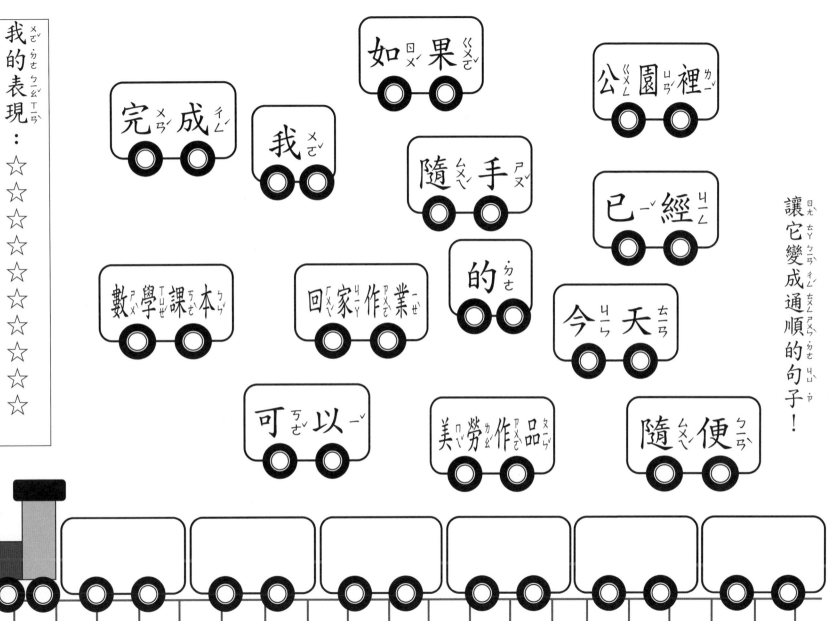

今天是　　月　　日，我練習了以下這些句子。

自我挑戰：請寫出適當的語詞，讓句子唸起來通順。

1. ＿＿＿＿已經＿＿＿＿。

2. ＿＿＿＿已經＿＿＿＿。

3. ＿＿＿＿已經＿＿＿＿。

4. ＿＿＿＿已經＿＿＿＿。

5. ＿＿＿＿已經＿＿＿＿。

我的表現：☆☆☆☆☆☆☆☆☆☆

品格教育學習單1

*想一想，有哪些你該負責的事情已經完成了？

例句：我已經完成今天的回家作業。

我已經＿＿＿＿＿＿＿＿＿＿。

我已經＿＿＿＿＿＿＿＿＿＿。

我已經＿＿＿＿＿＿＿＿＿＿。

我已經＿＿＿＿＿＿＿＿＿＿。

我已經＿＿＿＿＿＿＿＿＿＿。

今天是　　月　　日，我會做好份內的事情。

品格教育學習單 2

＊想出好方法：你懂得如何自律，享受快樂的生活嗎？

老師提供的好方法：

每天早睡早起，享受充滿活力的生活。

不抽菸不喝酒，擁有健康的身體。

我的想法：把想到的事情，寫或畫出來吧！

認識並練習「正在……」的句子

今天是＿＿月＿＿日，我認識了以下這些句子。

＊認識「正在……」的句子。

1. 老師正在教室裡上課。
2. 爸爸正在餐桌上吃早餐。
3. 校長正在台上報告事情。
4. 農夫正在田裡工作。
5. 我正在圖書館裡看書。

今天是　　月　　日，我練習了以下這些句子。

＊塗塗看：請將適合句子的語詞塗上顏色。

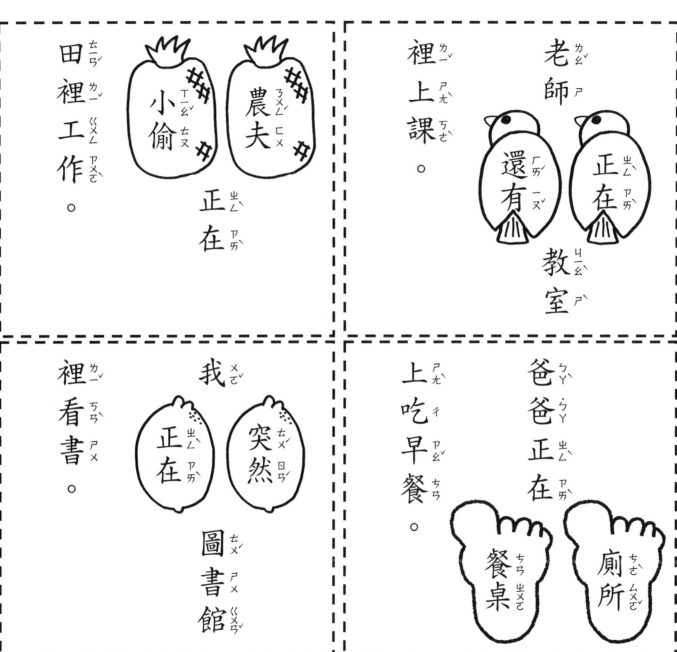

老師（正在／還有）教室裡上課。

（農夫／小偷）正在田裡工作。

爸爸正在（廁所／餐桌）上吃早餐。

我（突然／正在）圖書館裡看書。

我的表現：☆☆☆☆☆☆☆☆☆☆

今天是　　月　　日，我會說出或寫出一個完整的句子。

*句子迷宮：請從起點開始，將語詞連成一個完整的句子。走到終點後，記得將完整的句子寫在格子裡。

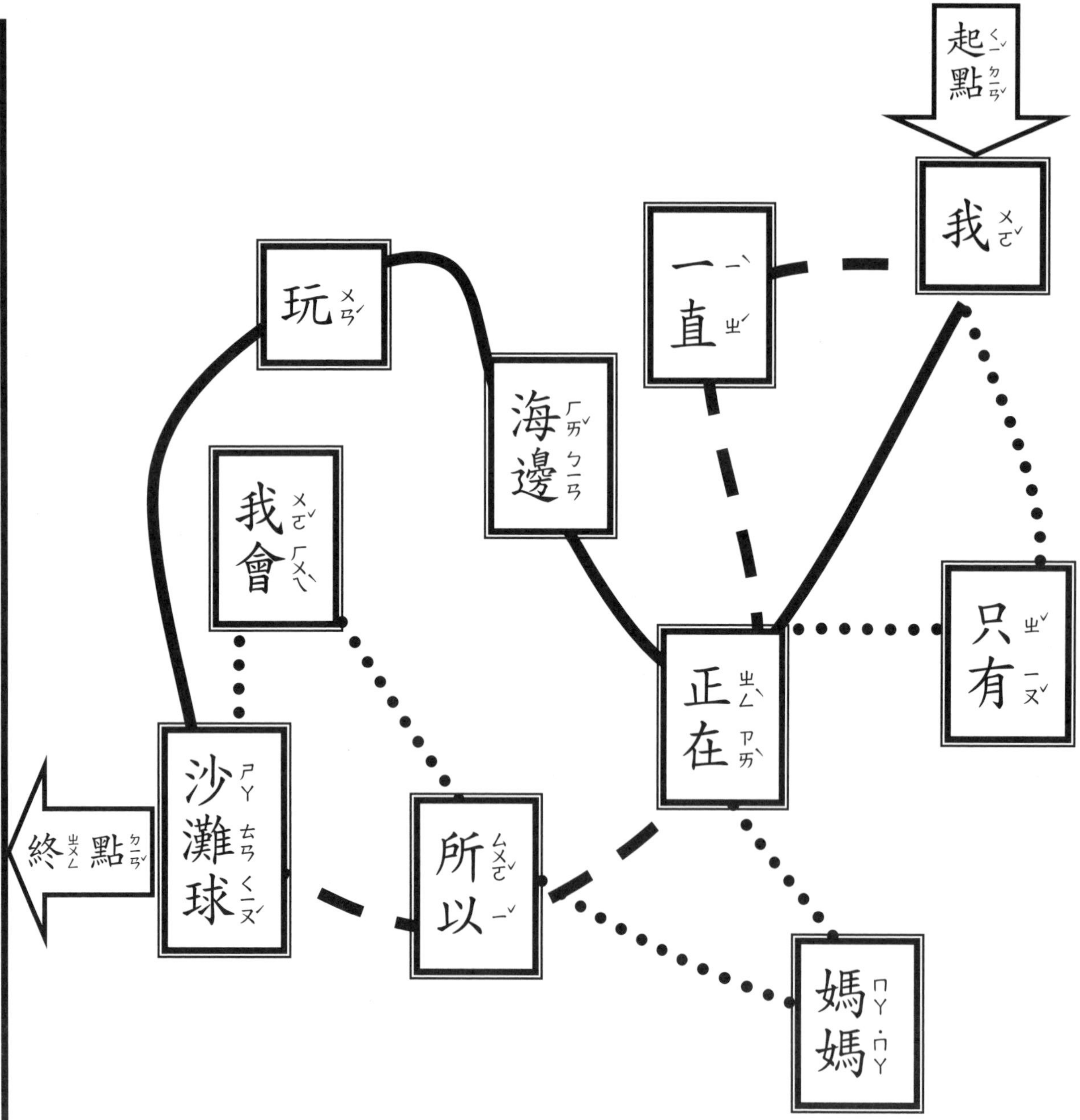

我的表現：☆☆☆☆☆☆☆☆☆☆

今天是　月　日，我會說出或寫出一個完整的句子。

*組合火車：請將適當的語詞填入火車車廂裡，讓它變成通順的句子！

吃飯　地球　爸爸　會　哥哥　我們　一個　環境　要　正在　教室裡　好好　上課

我的表現：☆☆☆☆☆☆☆☆☆☆

今天是　月　日，我練習了以下這些句子。

自我挑戰：請寫出適當的語詞，讓句子唸起來通順。

1. □ 正在 □。

2. □ 正在 □。

3. □ 正在 □。

4. □ 正在 □。

5. □ 正在 □。

我的表現：☆☆☆☆☆☆☆☆☆☆

品格教育學習單 1

＊想想看，遇到這些狀況，你可以怎麼做呢？

例句：姐姐正在難過，我可以去安慰她。

______正在生氣，我可以______。

______正在哭泣，我可以______。

______正在難過，我可以______。

______正在______，我可以______。

______正在______，我可以______。

今天是　　月　　日，我學會主動關心他人。

品格教育學習單2

*想出好方法：我該如何「主動關心他人」呢？

老師提供的好方法：

我會注意身邊朋友的表情，若他難過，我會去關心他。

我會常跟朋友聊天，若感覺他不開心，我會聽他訴苦。

我的想法：把想到的事情，寫或畫出來吧！

認識並練習「而且……」的句子

今天是　月　日，我認識了以下這些句子。

*認識「而且……」的句子。

1. 運動可以減輕體重，而且保持健康。

2. 看書可以多認識字，而且增加知識。

3. 刷牙可以讓口氣清新，而且預防蛀牙。

4. 手機可以打電話，而且可以上網。

5. 弟弟可以自己吃飯，而且會幫忙洗碗。

今天是　　月　　日，我練習了以下這些句子。

＊塗塗看：請將適合句子的語詞塗上顏色。

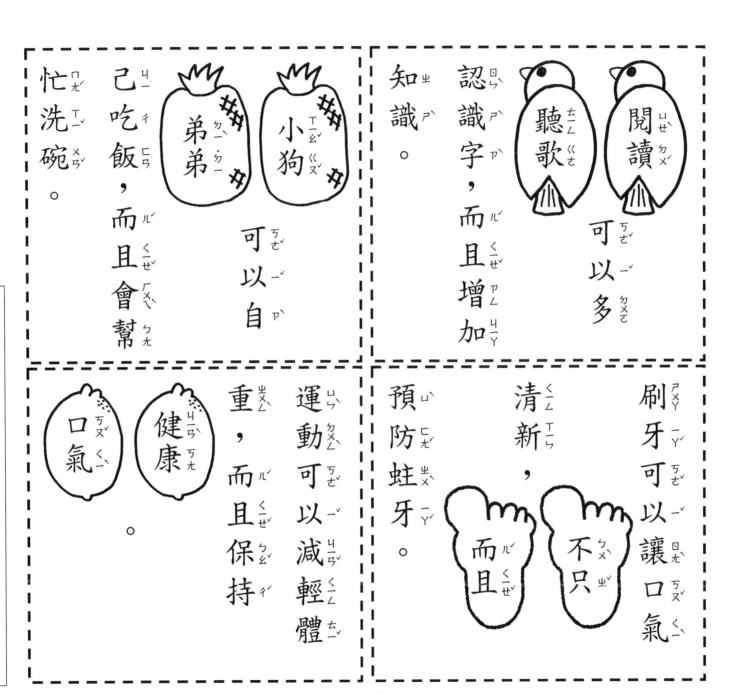

閱讀　聽歌

____可以多認識字，而且增加知識。

小狗　弟弟

____可以自己吃飯，而且會幫忙洗碗。

刷牙可以讓口氣清新，____預防蛀牙。

不只　而且

運動可以減輕體重，而且保持____。

健康　口氣

我的表現：☆☆☆☆☆☆☆☆☆☆

今天是　月　日，我會說出或寫出一個完整的句子。

*句子迷宮：請從起點開始，將語詞連成一個完整的句子。走到終點後，記得將完整的句子寫在格子裡。

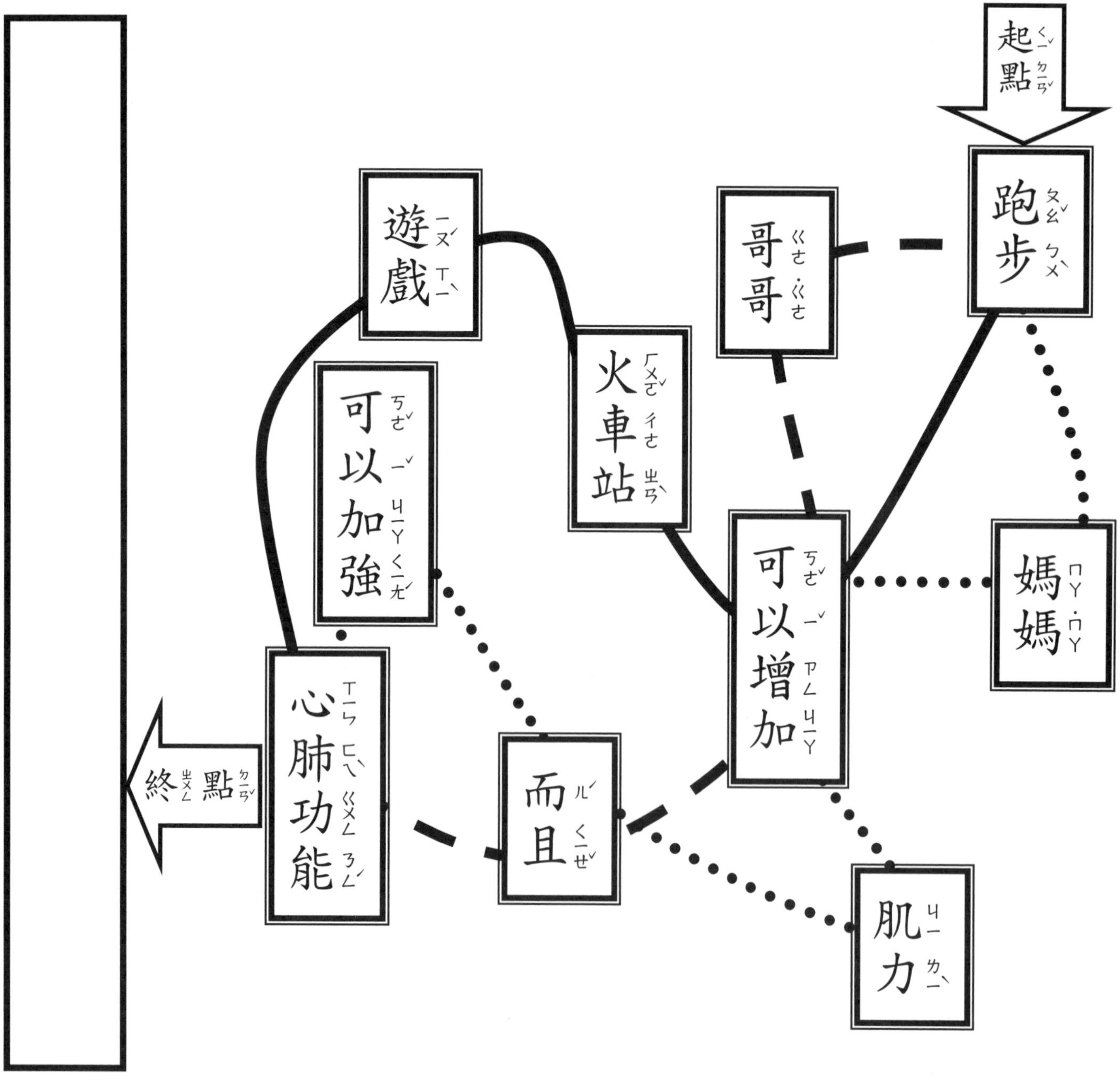

我的表現：☆☆☆☆☆☆☆☆☆☆

今天是　月　日，我會說出或寫出一個完整的句子。

＊組合火車：請將適當的語詞填入火車車廂裡，讓它變成通順的句子！

一直

讀報

媽媽

看

哥哥

可以

而且

可以

知道新聞

關燈

書

閱讀文章

我的表現：

☆ ☆ ☆ ☆ ☆ ☆ ☆ ☆ ☆ ☆

今天是　　月　　日，我練習了以下這些句子。

自我挑戰：請寫出適當的語詞，讓句子唸起來通順。

1. ＿＿可以＿＿，而且＿＿。

2. ＿＿可以＿＿，而且＿＿。

3. ＿＿可以＿＿，而且＿＿。

4. ＿＿可以＿＿，而且＿＿。

5. ＿＿可以＿＿，而且＿＿。

我的表現：☆☆☆☆☆☆☆☆☆☆

品格教育學習單 1

＊想想看，身邊的家人、朋友跟同學的優點，應該不只一個吧？

例句：姐姐會畫畫，而且還會游泳。

＿＿＿＿，而且＿＿＿＿。	＿＿＿＿，而且＿＿＿＿。	＿＿＿＿，而且＿＿＿＿。	＿＿＿＿，而且＿＿＿＿。

今天是　月　日，我學會欣賞他人的優點。

品格教育學習單 2

*想出好方法：我會「欣賞他人的優點」，也可以主動稱讚對方。

♥老師提供的好方法：

阿文會畫畫又會游泳，真是多才多藝。

小雅認真又負責，真是大家的好幫手。

我的想法：把想到的事情，寫或畫出來吧！

認識並練習「突然……」的句子

今天是　月　日，我認識了以下這些句子。

*認識「突然……」的句子。

1. 我突然打了一個呵欠。

2. 校長突然走進我們的教室。

3. 奶奶突然暈倒在房間裡。

4. 昨天突然下起一陣大雨。

5. 電腦突然當機了。

今天是　　月　　日，我練習了以下這些句子。

＊塗塗看：請將適合句子的語詞塗上顏色。

電腦

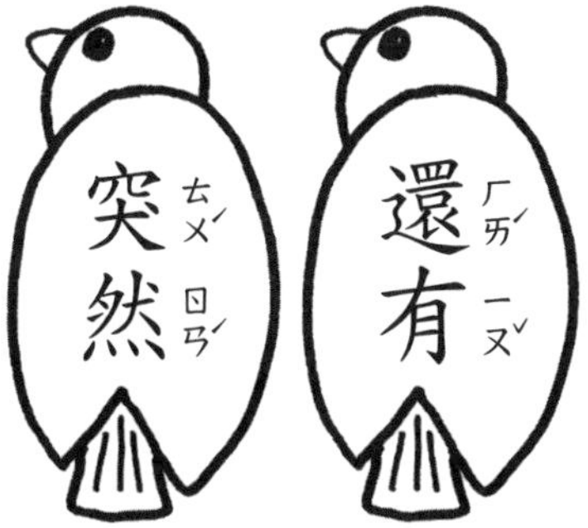

當機了。

昨天突然下起

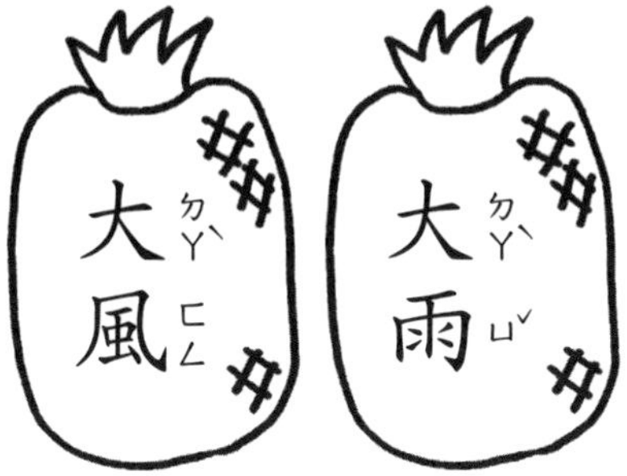

一陣

。

奶奶突然

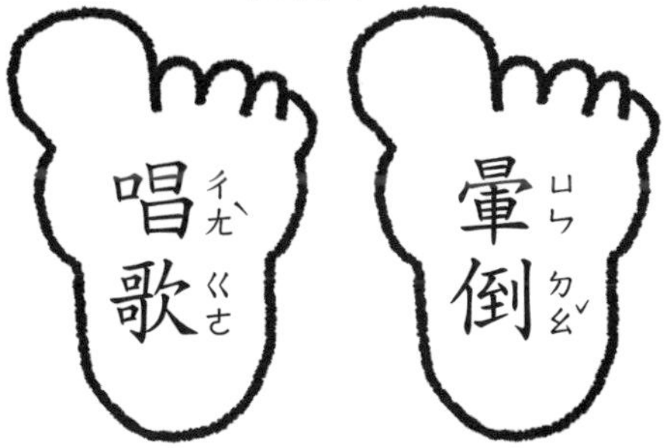

在房間裡。

校長突然走進

我們的

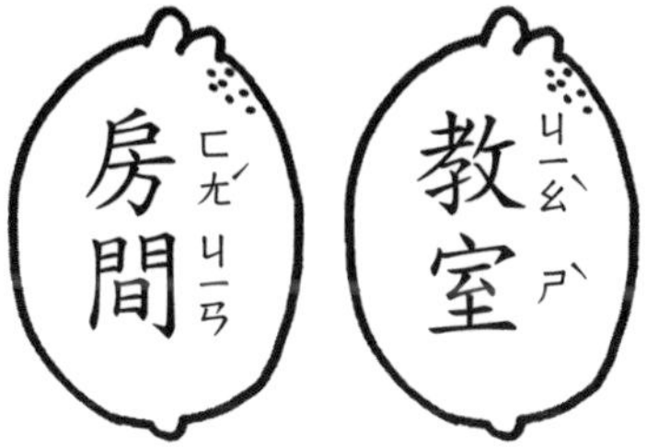

。

我的表現：☆☆☆☆☆☆☆☆☆☆

今天是　月　日，我會說出或寫出一個完整的句子。

*句子迷宮：請從起點開始，將語詞連成一個完整的句子。走到終點後，記得將完整的句子寫在格子裡。

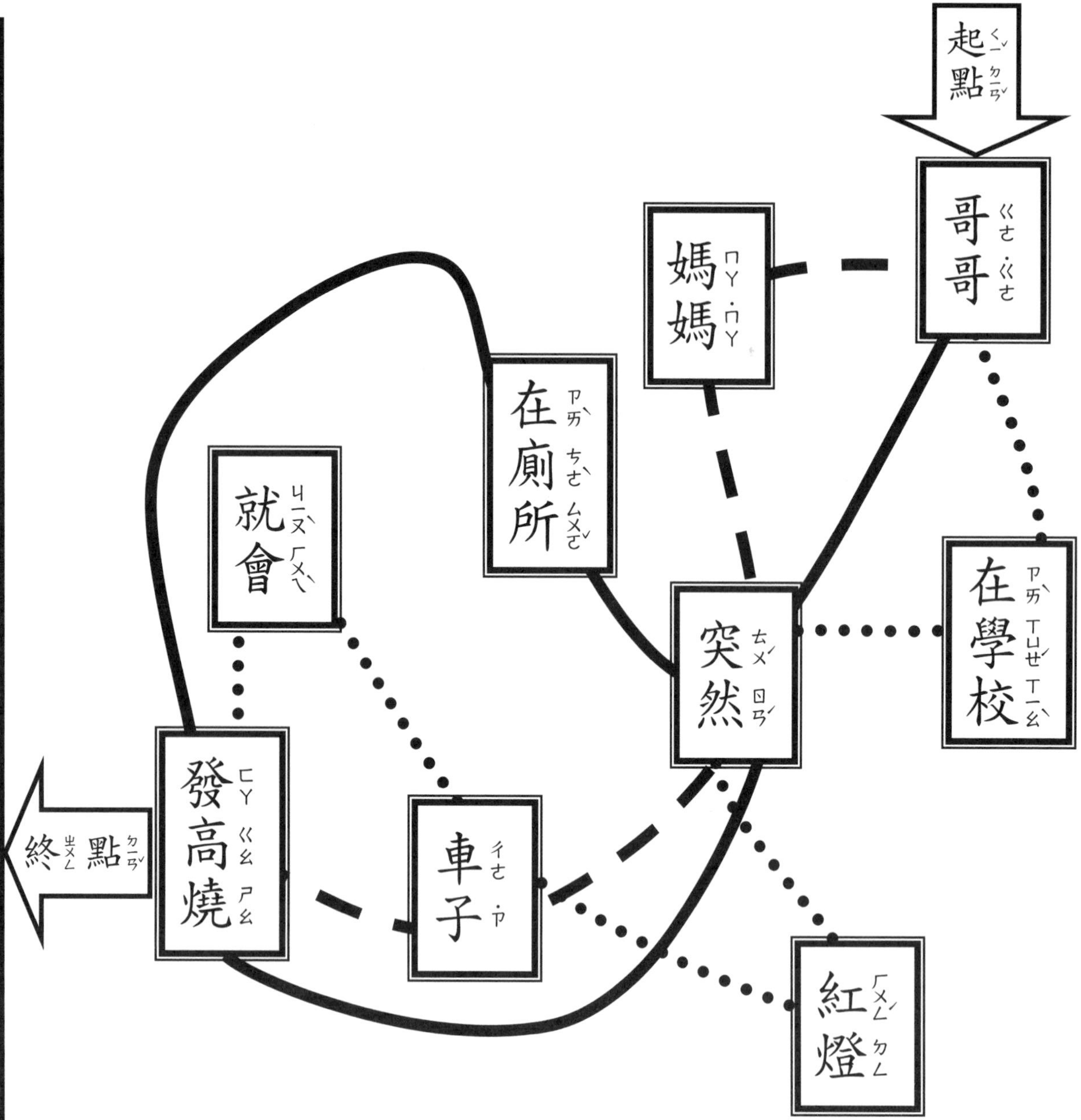

我的表現：☆☆☆☆☆☆☆☆☆☆

今天是　月　日，我會說出或寫出一個完整的句子。

*組合火車：請將適當的語詞填入火車車廂裡，讓它變成通順的句子！

一切　隨手　頭　看　弟弟　突然　摸著　就能　說　唱歌　關燈　頭痛　節約

我的表現：

☆☆☆☆☆☆☆☆☆☆

今天是　月　日，我練習了以下這些句子。

自我挑戰：請寫出適當的語詞，讓句子唸起來通順。

1. 　突然　。

2. 　突然　。

3. 　突然　。

4. 　突然　。

5. 　突然　。

我的表現：☆☆☆☆☆☆☆☆☆☆

品格教育學習單 1

*想想看，如果遇到突發狀況，可以怎麼處理呢？

例句：突然發生大地震，我會趕快躲到堅固的桌子下面。

突然發現我忘了寫作業，我會＿＿＿＿。

突然停電了，我會＿＿＿＿。

突然發現忘了帶錢包，我會＿＿＿＿。

突然＿＿＿＿，我會＿＿＿＿。

突然＿＿＿＿，我會＿＿＿＿。

今天是　　月　　日，我遇到問題，會想辦法處理。

品格教育學習單 2

*想出好方法：我會「隨機應變」，解決問題。

老師提供的好方法：

遇到問題，我會先保持冷靜，想一想怎麼做。

遇到不會處理的事情，我會詢問他人。

我的想法：把想到的事情，寫或畫出來吧！

認識並練習「一直……」的句子

今天是　月　日，我認識了以下這些句子。

*認識「一直……」的句子。

1. 小嬰兒一直在睡覺。

2. 弟弟跌倒了，他一直哭不停。

3. 我一直找不到我的帽子。

4. 比賽要到了，全班一直練習大隊接力。

5. 妹妹上課一直在講話。

今天是　月　日，我練習了以下這些句子。

＊塗塗看：請將適合句子的語詞塗上顏色。

我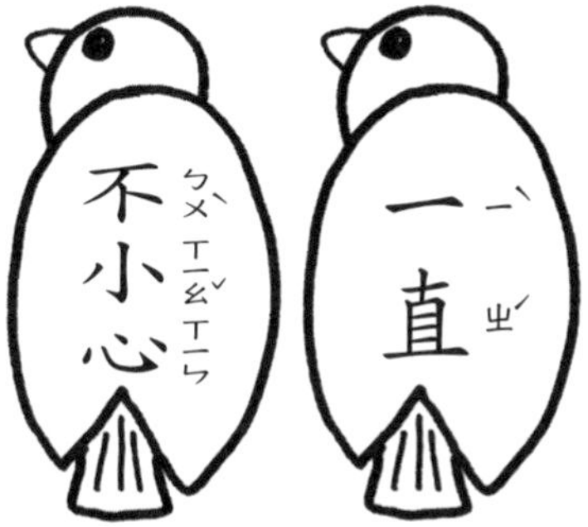

找不到我的帽子。

比賽要到了，全班一直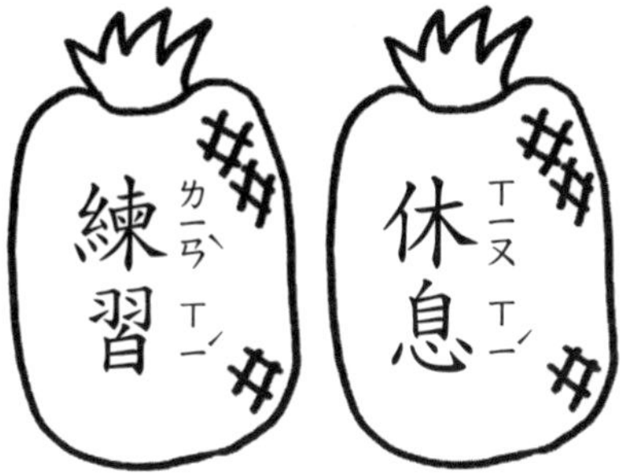

大隊接力。

妹妹上課一直在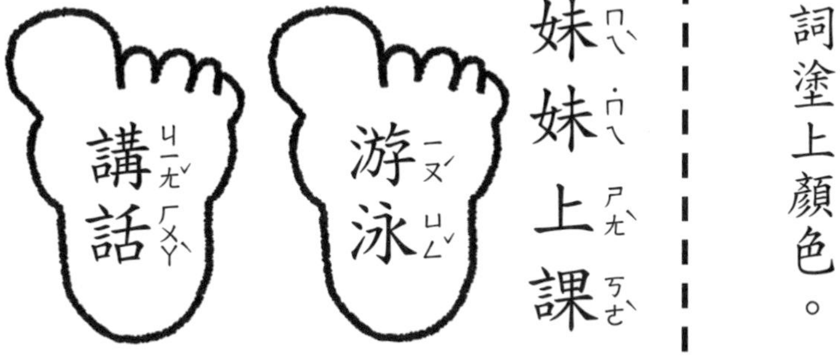

。

弟弟跌倒了，他一直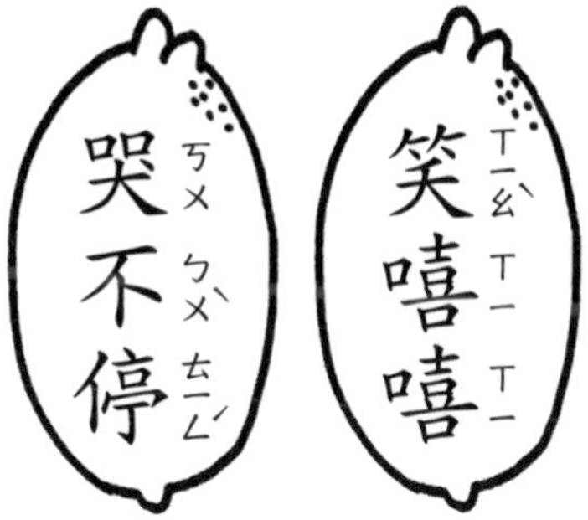

。

我的表現：☆☆☆☆☆☆☆☆☆☆

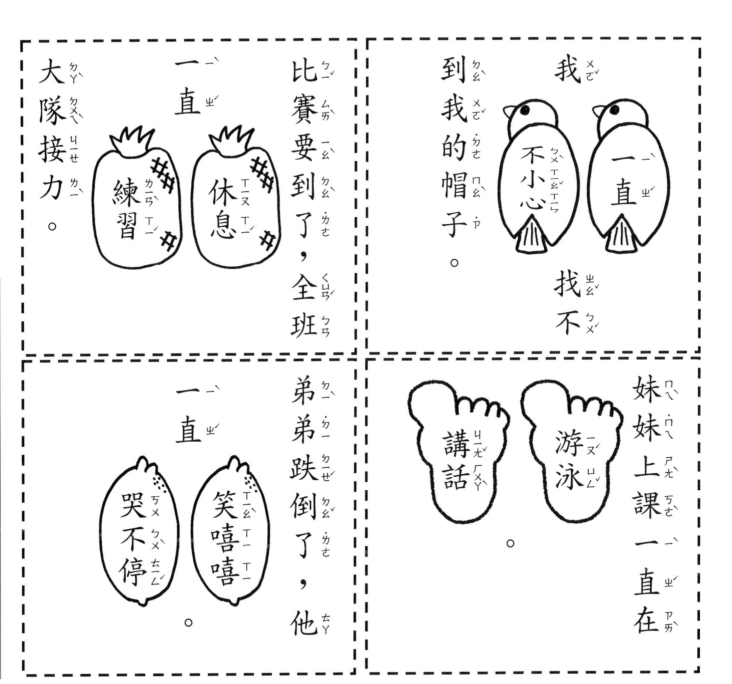

今天是　月　日，我會說出或寫出一個完整的句子。

＊句子迷宮：請從起點開始，將語詞連成一個完整的句子。走到終點後，記得將完整的句子寫在格子裡。

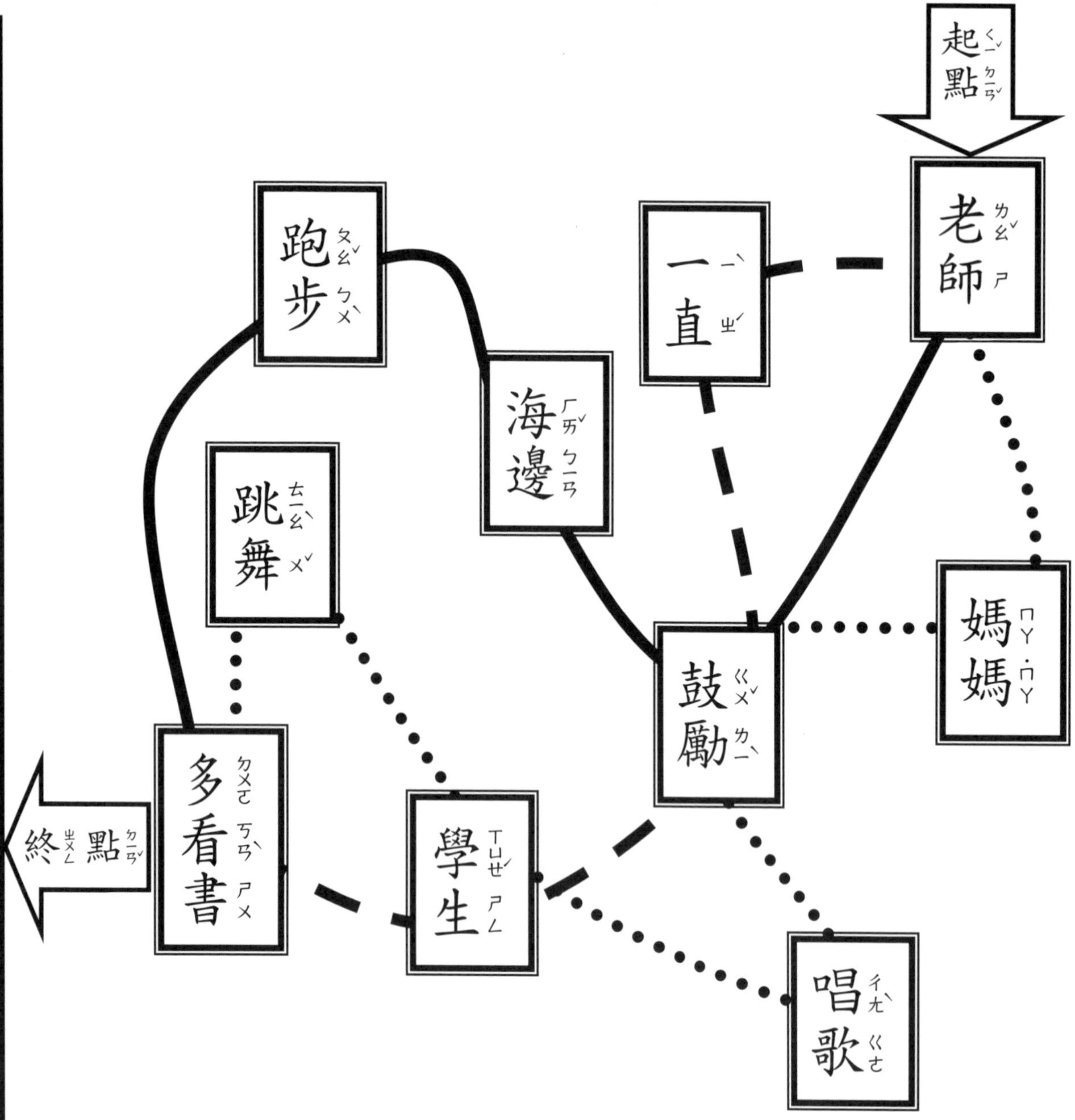

我的表現：☆☆☆☆☆☆☆☆☆☆

今天是　　月　　日，我會說出或寫出一個完整的句子。

＊組合火車：請將適當的語詞填入火車車廂裡，讓它變成通順的句子！

一直　爬山　爸爸　跑　哥哥　跳舞　努力　賺錢　唱歌　辛苦　真是　一下子

我的表現：☆☆☆☆☆☆☆☆☆☆

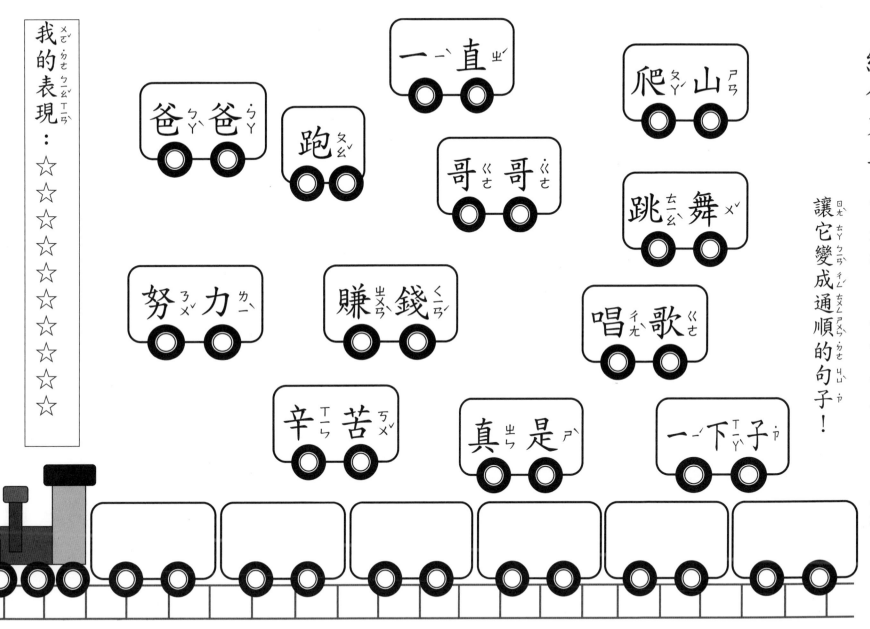

今天是　月　日，我練習了以下這些句子。

自我挑戰：請寫出適當的語詞，讓句子唸起來通順。

1. ＿＿一直＿＿。

2. ＿＿一直＿＿。

3. ＿＿一直＿＿。

4 ＿＿一直＿＿。

5. ＿＿一直＿＿。

我的表現：☆☆☆☆☆☆☆☆☆☆

品格教育學習單 1

*想一想，如果你找到想學習的事物或理想，應該怎麼做才能達成目標呢？

例句：我想要學會游泳，所以一直努力練習。

我想要學會＿＿＿＿，所以一直努力練習。

我想要學會＿＿＿＿，所以一直努力練習。

我想要學會＿＿＿＿，所以一直努力練習。

我想要學會＿＿＿＿，所以一直努力練習。

今天是　月　日，我學會堅持、有毅力。

品格教育學習單 2

*想出好方法：找到想學習的事物，我會「堅持、有毅力」。

老師提供的好方法：

當我想要學會游泳，我會一直去游泳池練習。

當我想成為一位籃球選手時，我會一直不斷的加強球技。

我的想法：把想到的事情，寫或畫出來吧！

認識並練習「然後……」的句子

今天是　　月　　日，我認識了以下這些句子。

*認識「然後……」的句子。

1. 奶奶大叫一聲，**然後**就暈倒了。

2. 警察抓到小偷，**然後**把他帶到警察局。

3. 醫生看完病人，**然後**開藥給他。

4. 郵差先分類郵件，**然後**再去送信。

5. 學生先進教室，**然後**準備上課。

今天是　月　日，我練習了以下這些句子。

＊塗塗看：請將適合句子的語詞塗上顏色。

學生先進教室，

然後　突然

準備上課。

老師　醫生

看完病人，然後開藥給他。

警察抓到小偷，然後把他帶到

公園　警察局

。

郵差先

分類　丟掉

郵件，然後再去送信。

我的表現：☆☆☆☆☆☆☆☆☆

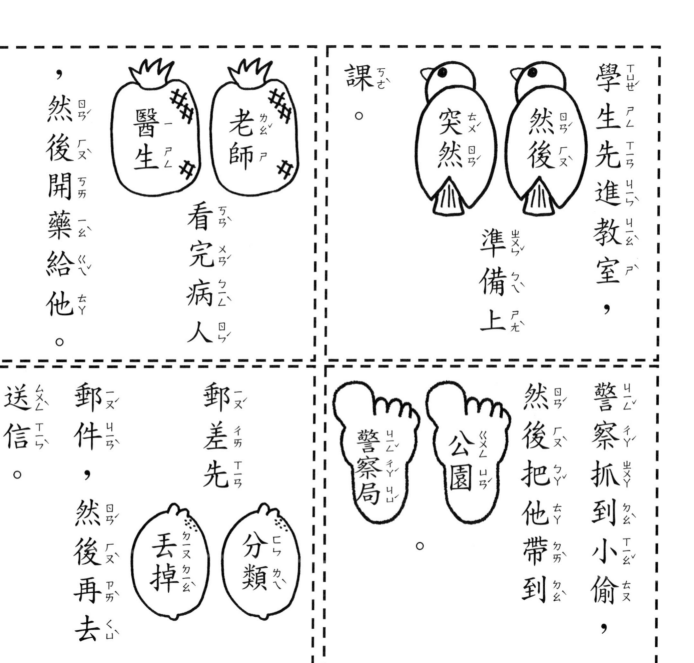

今天是　月　日，我會說出或寫出一個完整的句子。

＊句子迷宮：請從起點開始，將語詞連成一個完整的句子。走到終點後，記得將完整的句子寫在格子裡。

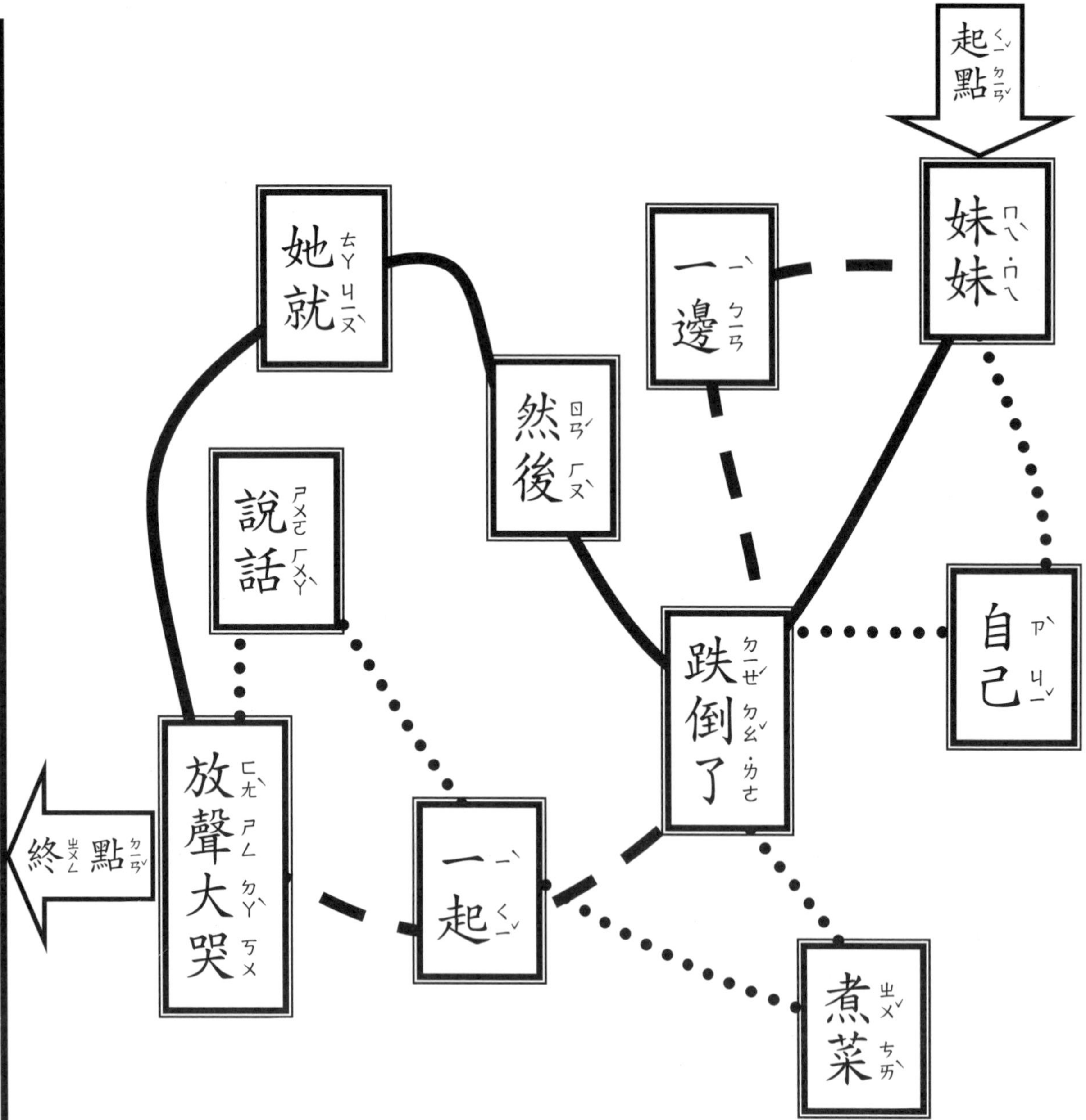

我的表現：☆☆☆☆☆☆☆☆☆☆

今天是　月　日，我會說出或寫出一個完整的句子。

*組合火車：請將適當的語詞填入火車車廂裡，讓它變成通順的句子！

汽車　跑去　睡覺　看　妹妹　上學　吃完　賺錢　洗衣服　然後　辛苦　午飯　一邊

我的表現：

☆
☆
☆
☆
☆
☆
☆
☆
☆
☆

今天是　月　日，我練習了以下這些句子。

自我挑戰：請寫出適當的語詞，讓句子唸起來通順。

1. ＿＿＿＿＿＿，然後＿＿＿＿＿＿。

2. ＿＿＿＿＿＿，然後＿＿＿＿＿＿。

3. ＿＿＿＿＿＿，然後＿＿＿＿＿＿。

4. ＿＿＿＿＿＿，然後＿＿＿＿＿＿。

5. ＿＿＿＿＿＿，然後＿＿＿＿＿＿。

我的表現：☆☆☆☆☆☆☆☆☆☆

品格教育學習單 1

＊想想看，你必須先做完什麼，才可以做你想做的事？

例句：我會先完成功課，然後再去玩。

我會先洗完澡，然後______。

我會先完成掃地工作，然後______。

我會先______，然後______。

我會先______，然後______。

我會先______，然後______。

我會先______，然後______。

今天是　月　日，我會為自己的事情負責。

品格教育學習單 2

*想出好方法：我會想辦法讓自己「專心」完成工作。

老師提供的好方法：

把電視關掉，才可以專心完成作業。

把玩具收起來，才可以專心幫媽媽的忙。

我的想法：把想到的事情，寫或畫出來吧！

認識並練習「為了……」的句子

今天是　月　日，我認識了以下這些句子。

＊認識「為了……」的句子。

1. 為了得到好成績，我努力看書。

2. 為了賺錢養家，爸爸努力工作。

3. 為了出去玩，弟弟很快寫完作業。

4. 為了變瘦，姐姐持續運動。

5. 為了參加籃球比賽，哥哥努力練習。

今天是　月　日，我練習了以下這些句子。

＊塗塗看：請將適合句子的語詞塗上顏色。

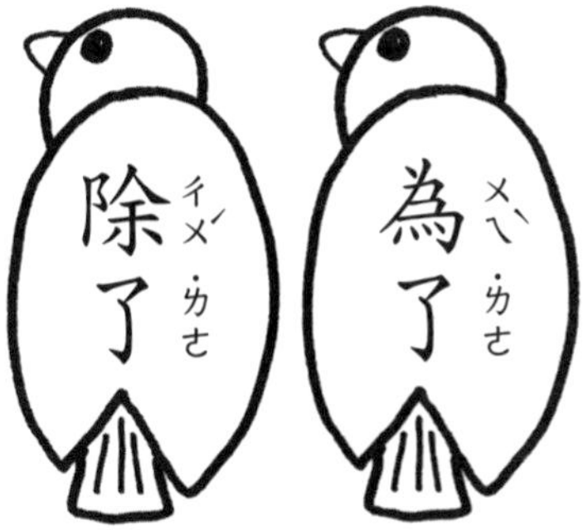

得到好成績，我努力看書。

為了變瘦，姐姐持續

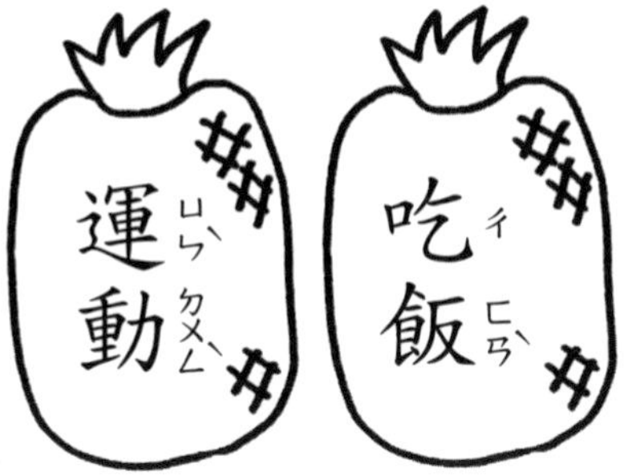

。

為了

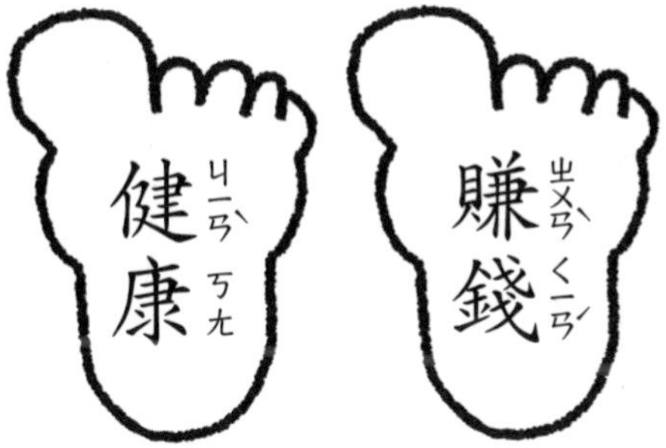

，爸爸努力工作。

為了參加籃球比賽，哥哥努力

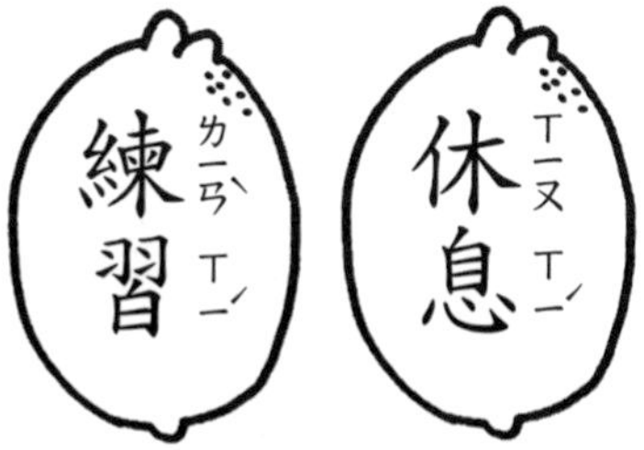

。

我的表現：☆☆☆☆☆☆☆☆☆☆

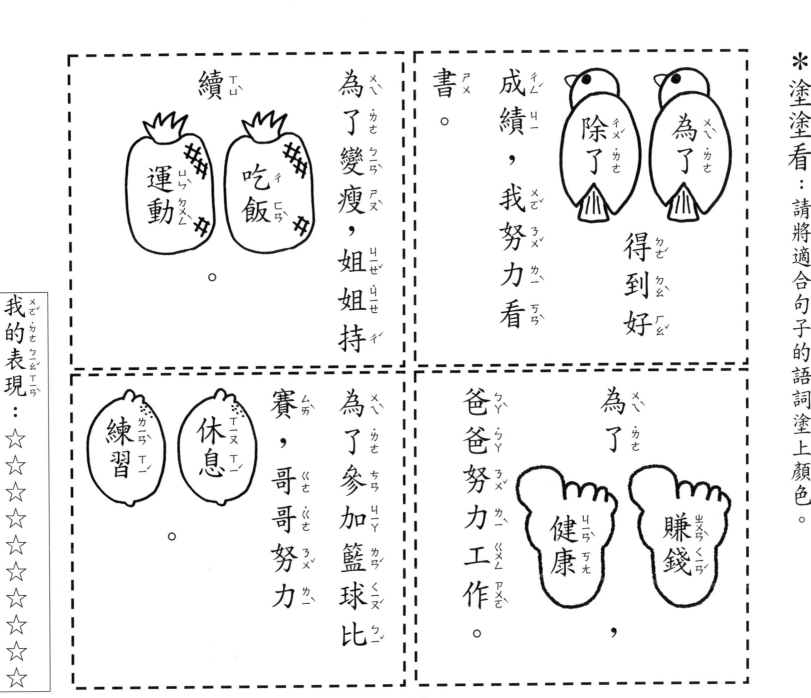

今天是　月　日，我會說出或寫出一個完整的句子。

*句子迷宮：請從起點開始，將語詞連成一個完整的句子。走到終點後，記得將完整的句子寫在格子裡。

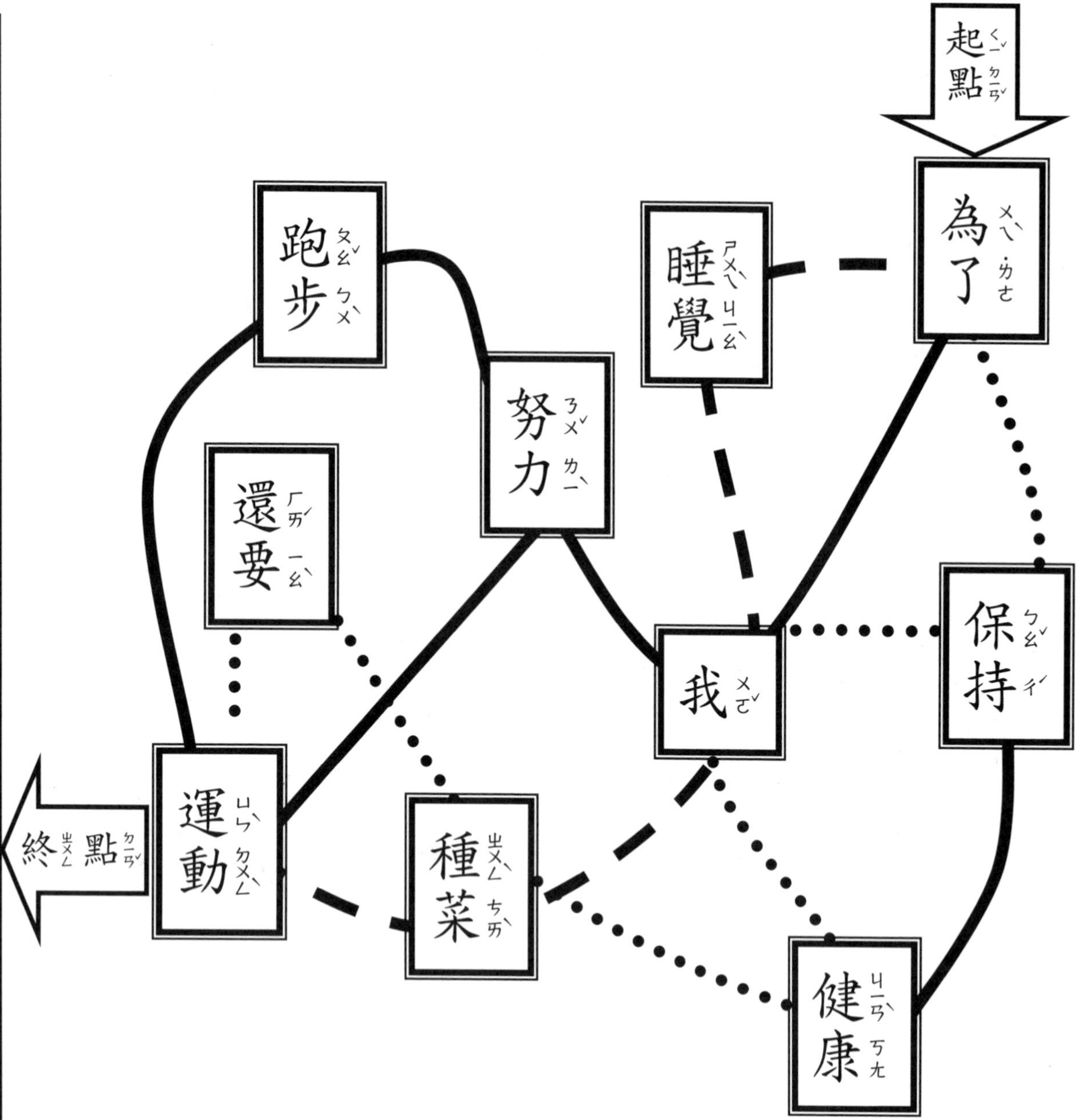

我的表現：☆☆☆☆☆☆☆☆☆☆

今天是　月　日，我會說出或寫出一個完整的句子。

*組合火車：請將適當的語詞填入火車車廂裡，讓它變成通順的句子！

- 遵守
- 一直
- 車子
- 請
- 哥哥
- 為了
- 安全
- 交通規則
- 紅綠燈
- 一下子
- 還是
- 行人的

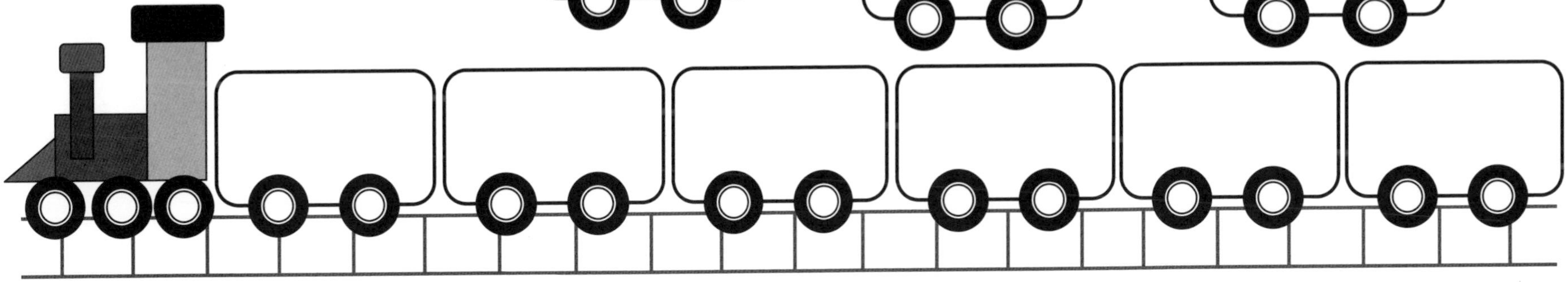

我的表現：

☆☆☆☆☆☆☆☆☆☆

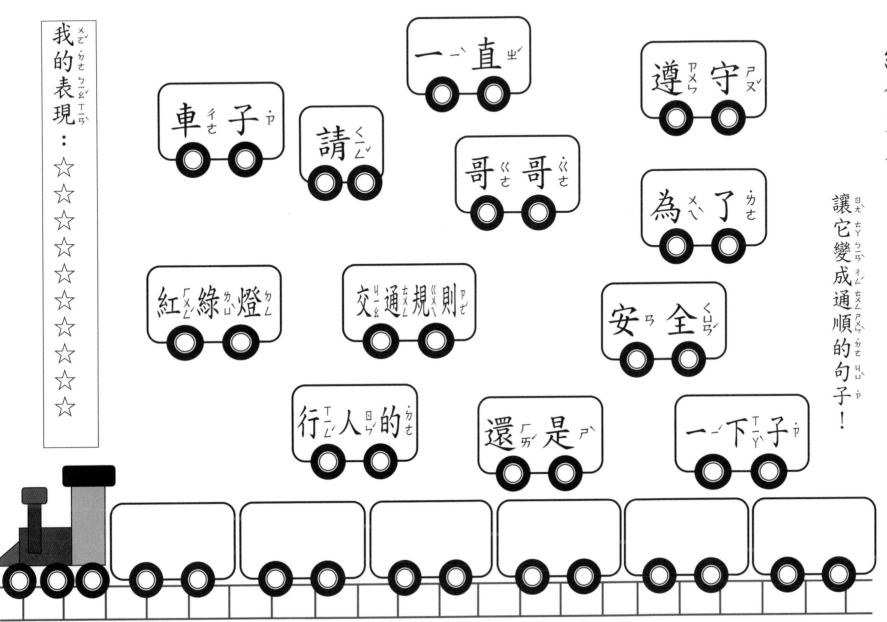

今天是＿＿月＿＿日，我練習了以下這些句子。

自我挑戰：請寫出適當的語詞，讓句子唸起來通順。

1. 為了＿＿＿＿，＿＿＿＿＿＿。

2. 為了＿＿＿＿，＿＿＿＿＿＿。

3. 為了＿＿＿＿，＿＿＿＿＿＿。

4. 為了＿＿＿＿，＿＿＿＿＿＿。

5. 為了＿＿＿＿，＿＿＿＿＿＿。

我的表現：☆☆☆☆☆☆☆☆☆☆

品格教育學習單 1

*想想看，為了達成目標，你會怎麼做？

例句：為了得到好成績，我會努力讀書。

為了讓爸媽高興，我會＿＿＿＿。

為了可以早點出去玩，我會＿＿＿＿。

為了＿＿＿＿，我會＿＿＿＿。

為了＿＿＿＿，我會＿＿＿＿。

為了＿＿＿＿，我會＿＿＿＿。

今天是　　月　　日，我會努力達成目標。

品格教育學習單 2

＊想出好方法：為了達成目標，我會怎麼做？

老師提供的好方法：

確定達成目標需要準備的事情。

做好時間分配，才有充足的時間可以運用。

我的想法：把想到的事情，寫或畫出來吧！

認識並練習「為什麼……」的句子

今天是　月　日，我認識了以下這些句子。

*認識「為什麼……」的句子。

1. 為什麼天氣這麼熱呢？

2. 為什麼爸爸還沒回家呢？

3. 為什麼弟弟會近視呢？

4. 為什麼天空只有一個太陽呢？

5. 為什麼電腦不能玩太久呢？

今天是　月　日，我練習了以下這些句子。

*塗塗看：請將適合句子的語詞塗上顏色。

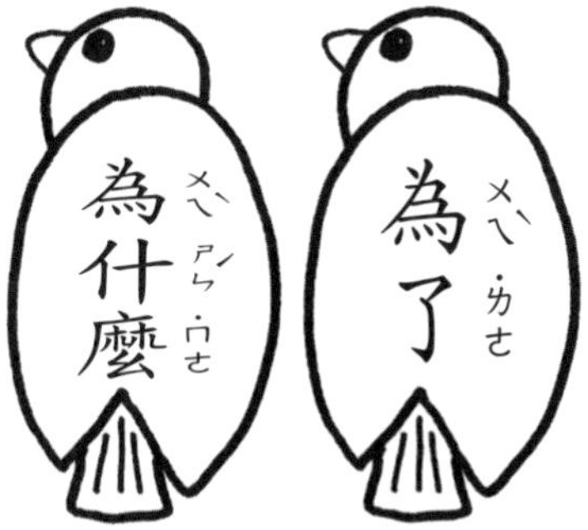

天氣這麼熱呢？

為什麼

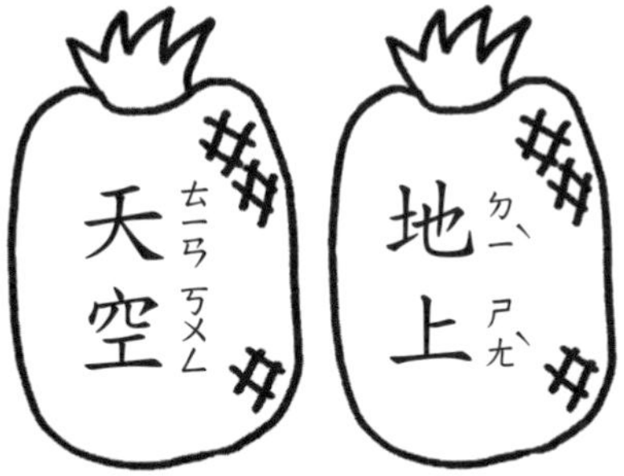

只有一個太陽呢？

為什麼

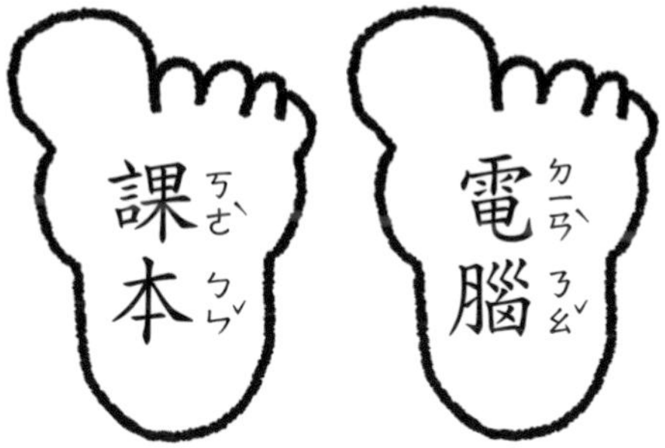

不能玩太久呢？

為什麼爸爸還沒

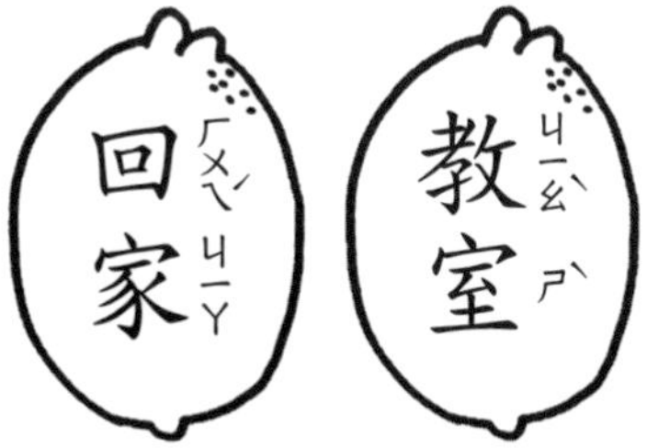

呢？

我的表現：☆☆☆☆☆☆☆☆☆☆

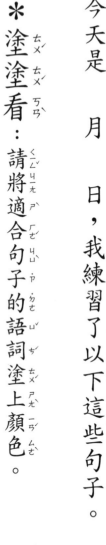

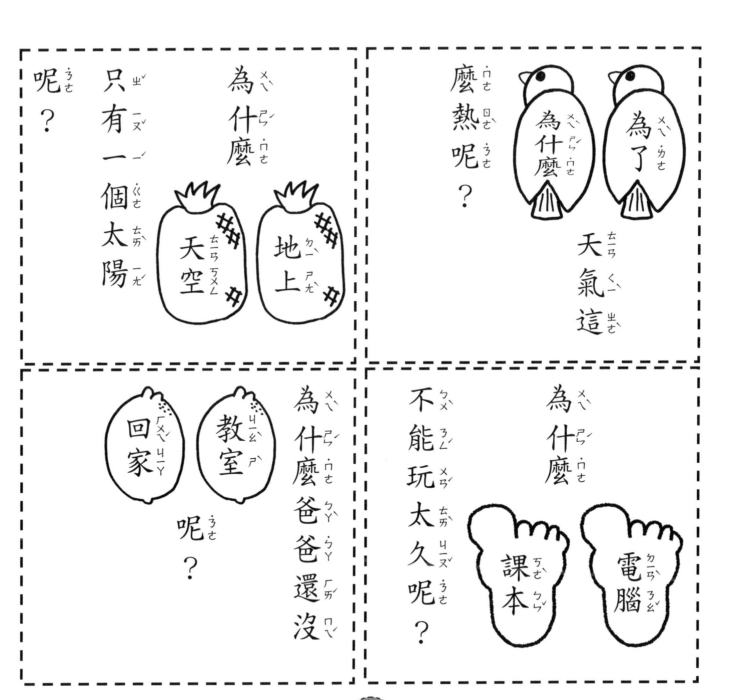

今天是　月　日，我會說出或寫出一個完整的句子。

*句子迷宮：請從起點開始，將語詞連成一個完整的句子。

走到終點後，記得將完整的句子寫在格子裡。

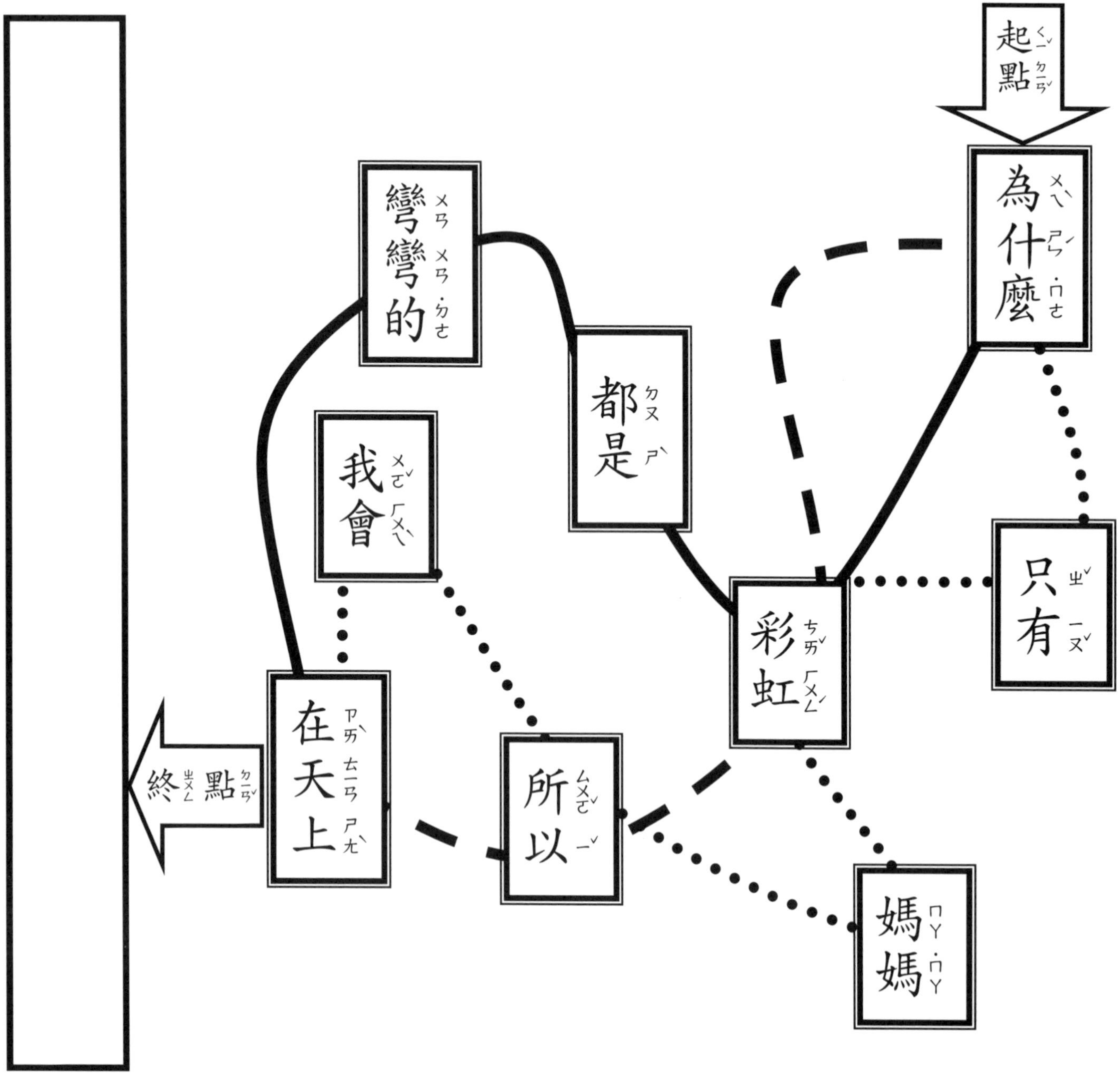

我的表現：

☆☆☆☆☆☆☆☆☆☆

今天是　月　日，我會說出或寫出一個完整的句子。

＊組合火車：請將適當的語詞填入火車車廂裡，讓它變成通順的句子！

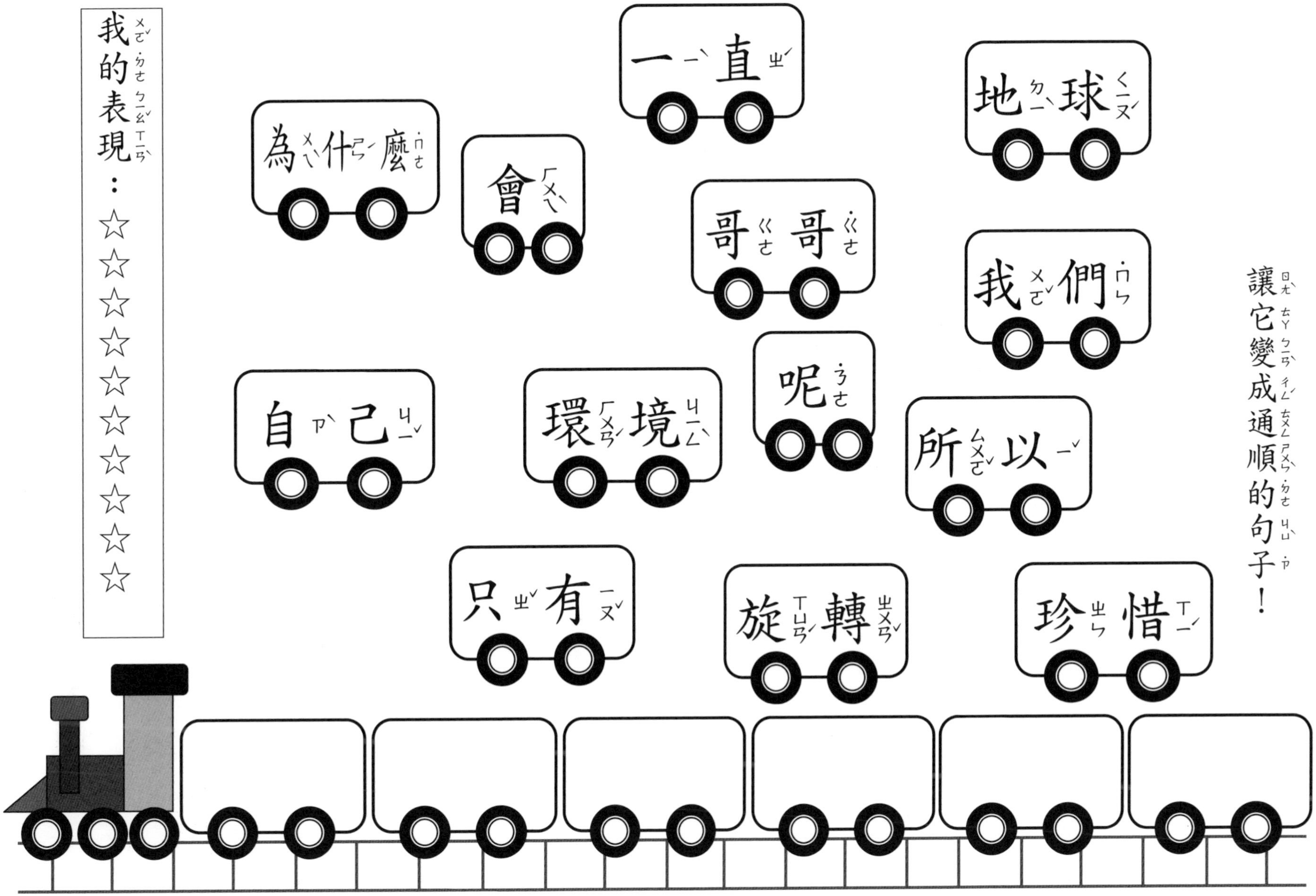

我的表現：

☆☆☆☆☆☆☆☆☆☆

今天是　月　日，我練習了以下這些句子。

自我挑戰：請寫出適當的語詞，讓句子唸起來通順。

1. 為什麼＿＿＿＿？

2. 為什麼＿＿＿＿？

3. 為什麼＿＿＿＿？

4. 為什麼＿＿＿＿？

5. 為什麼＿＿＿＿？

我的表現：☆☆☆☆☆☆☆☆☆☆

品格教育學習單 1

＊想想看，我們為什麼要做這些事情呢？

例句：為什麼我們要隨手關燈？因為可以省電。

為什麼我們要珍惜水資源？因為＿＿＿。

為什麼我們要愛惜物品？因為＿＿＿。

為什麼我們要＿＿＿？因為＿＿＿。

為什麼我們要＿＿＿？因為＿＿＿。

為什麼我們要＿＿＿？因為＿＿＿。

今天是　月　日，我會珍惜事物。

品格教育學習單2

*想出好方法：該如何做到「珍惜事物」呢？

老師提供的好方法：

愛護自己的東西，不隨意損壞。

資源回收、廢物利用。

我的想法：把想到的事情，寫或畫出來吧！

認識並練習「卻……」的句子

今天是　月　日，我認識了以下這些句子。

＊認識「卻……」的句子。

1. 我很胖，卻跑得很快。

2. 爸爸很晚睡，卻很早起床。

3. 小狗很瘦小，卻很兇。

4. 妹妹年紀小，力氣卻很大。

5. 爺爺年紀大，體力卻很好。

今天是　月　日，我練習了以下這些句子。

＊塗塗看：請將適合句子的語詞塗上顏色。

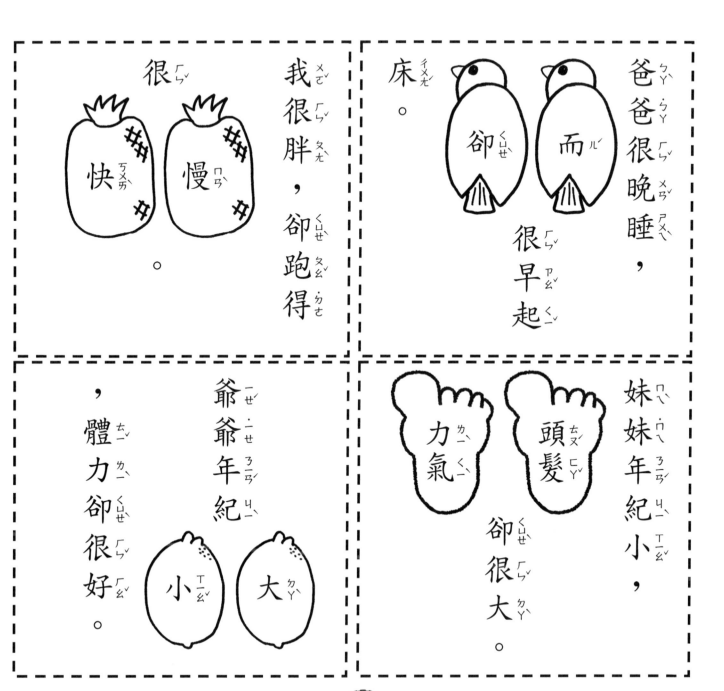

爸爸很晚睡，（而／卻）很早起床。

我很胖，卻跑得很（慢／快）。

妹妹年紀小，（頭髮／力氣）卻很大。

爺爺年紀（大／小），體力卻很好。

我的表現：☆☆☆☆☆☆☆☆☆☆

今天是　月　日，我會說出或寫出一個完整的句子。

*句子迷宮：請從起點開始，將語詞連成一個完整的句子。走到終點後，記得將完整的句子寫在格子裡。

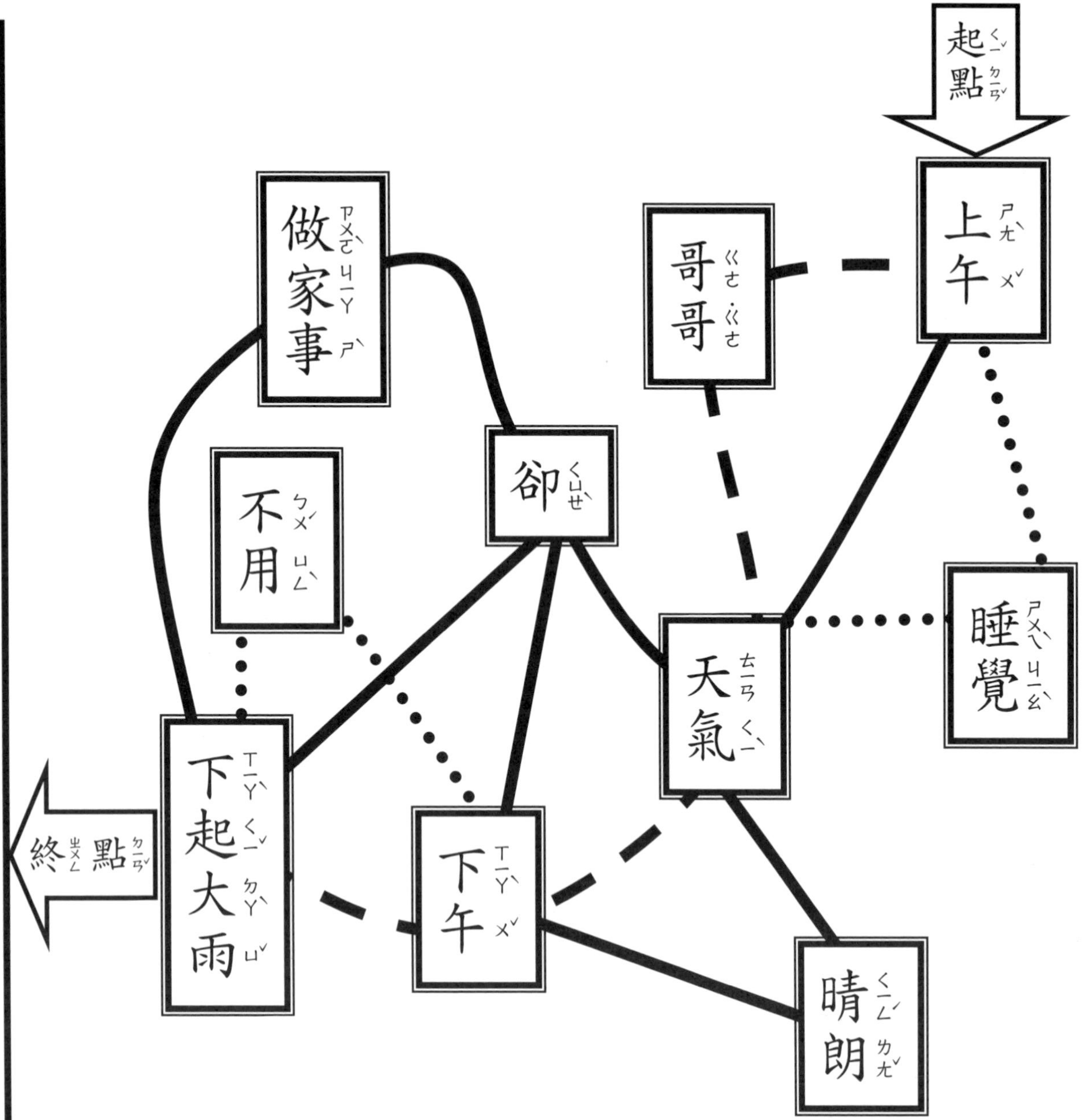

我的表現：☆☆☆☆☆☆☆☆☆☆

今天是　月　日，我會說出或寫出一個完整的句子。

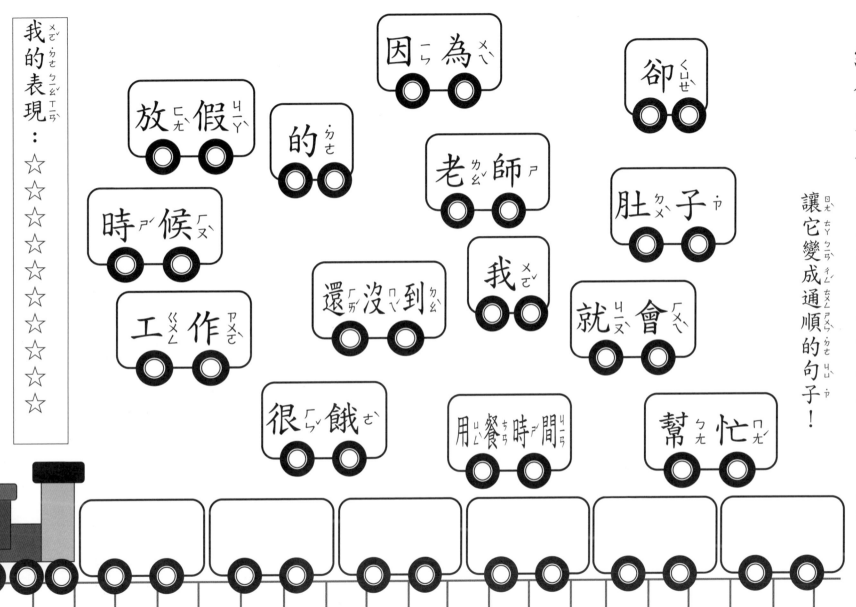

*組合火車：請將適當的語詞填入火車車廂裡，讓它變成通順的句子！

卻

因為

放假

的

老師

肚子

時候

我

還沒到

就會

工作

很餓

用餐時間

幫忙

我的表現：☆☆☆☆☆☆☆☆☆☆

今天是　月　日，我練習了以下這些句子。

自我挑戰：請寫出適當的語詞，讓句子唸起來通順。

1. ＿＿很＿＿，卻＿＿。

2. ＿＿很＿＿，卻＿＿。

3. ＿＿很＿＿，卻＿＿。

4. ＿＿很＿＿，卻＿＿。

5. ＿＿很＿＿，卻＿＿。

我的表現：☆☆☆☆☆☆☆☆☆☆

品格教育學習單 1

*想想看，你雖然有些待改進的地方，但是有其他的優點。

例句：我雖然成績不好，卻很熱心助人。

我雖然　　　，卻　　　。	我雖然　　　，卻　　　。	我雖然　　　，卻　　　。	我雖然　　　，卻　　　。	我雖然　　　，卻　　　。

今天是　　月　　日，我學會找出自己的優點。

品格教育學習單2

*想出好方法：欣賞他人，也要會欣賞自己、肯定自己。

老師提供的好方法：

為自己完成了一件事情而歡呼。

給準時起床的自己一個微笑。

我的想法：把想到的事情，寫或畫出來吧！

筆記欄

筆記欄

筆記欄

國家圖書館出版品預行編目（CIP）資料

聚一句：我的造句遊戲書／孟瑛如等著.
--二版.--新北市：心理, 2017.02
冊；　公分.--（桌上遊戲系列；72195-72196）
ISBN 978-986-191-755-9（第 1 冊：平裝）.--
ISBN 978-986-191-756-6（第 2 冊：平裝）

1. 漢語教學 2.句法 3.小學教學

523.31　　106000912

桌上遊戲系列 72195

聚一句：我的造句遊戲書（第一冊）
（第二版）

作　　者：孟瑛如、郭興昌、鄭雅婷、吳登凱、張麗琴
總 編 輯：林敬堯
發 行 人：洪有義
出 版 者：心理出版社股份有限公司
地　　址：231 新北市新店區光明街 288 號 7 樓
電　　話：(02) 29150566
傳　　真：(02) 29152928
郵撥帳號：19293172　心理出版社股份有限公司
網　　址：http://www.psy.com.tw
電子信箱：psychoco@ms15.hinet.net
駐美代表：Lisa Wu（lisawu99@optonline.net）
排 版 者：辰皓國際出版製作有限公司
印 刷 者：辰皓國際出版製作有限公司
初版一刷：2015 年 9 月
二版一刷：2017 年 2 月
二版二刷：2019 年 3 月
I S B N：978-986-191-755-9
定　　價：新台幣 180 元